LIESEL POLINSKI

Wie ein Kleinkind seine Welt entdeckt

Spiel und Beschäftigung nach der PEKiP-Zeit

INHALT

Grundlegende Gedanken zum zweiten Lebensjahr **7**

Entwicklung und Erziehung des Kindes ab einem Jahr **9**
Kleine Kinder erforschen die Welt **16**
Das tägliche Leben miteinander **21**

Anregungen für den Alltag mit Ihrem Kind **25**

Weniger Stress im Alltag **28**
Der Tagesbeginn **30**
Körperpflege, Windeln **31**
Baden und Duschen **39**
Schlafen **42**
Essen **46**
Hausarbeit **60**
Küchenarbeit **67**
Noch mehr Anregungen für die Wohnung **88**
Gemeinsam einkaufen **95**
Handwerkliche Arbeiten **106**
Im Freien und bei der Gartenarbeit **110**
Andere Kinder und Erwachsene **115**
Nachwort **124**

Anhang **126**

Liebe Leserin, lieber Leser!

Die Vorschläge und Anregungen in diesem Buch habe ich seit über 30 Jahren als Mutter von zwei Kindern, Gruppenleiterin und Ausbilderin von Eltern-Kind-Gruppen erprobt – und in vielen Vorträgen und Workshops mit interessierten Fachkräften und Eltern diskutiert. Wie wichtig das gemeinsame Tun und das Einbeziehen der Kinder ins tägliche Leben sind, hat inzwischen auch die neurobiologische Forschung belegt.

Besonders freut es mich, dass meine Ideen in vielen Kindertagesstätten, Krippen und in der Tagespflege als wertvolle Hilfe gesehen werden. Selbstverantwortung macht Kinder unabhängig, lehrt sie, eigenständig zu werden und Verantwortung für sich und ihre Umwelt zu übernehmen.

In meinem ersten Buch »PEKiP: Spiel und Bewegung mit Babys« habe ich u. a. beschrieben, dass schon Kinder im ersten Lebensjahr die Eltern nachahmen und gern mit Dingen des täglichen Lebens spielen.

Eltern sind die Vorbilder ihrer Kinder bei allem Tun. Wichtig ist, dass Eltern Beweglichkeit vorleben. Das tut auch ihnen gut. Ein Mensch, der sich bewegt, ist beweglicher in seinem Denken und Handeln. Toben, Rennen, Laufen, Klettern, Hüpfen und Springen machen Kinder nicht nur körperlich fit, sondern nachweislich auch klüger. Ab dem zweiten Lebensjahr können die Kinder in die Tätigkeiten des täglichen Lebens mit einbezogen werden.

Neuere Forschungen beweisen, dass man zufrieden sein muss, um glücklich sein zu können. Dazu gehören ein erfülltes Leben in einer Gemeinschaft und gegenseitige Wertschätzung; auch Traurigkeit ist ein wichtiger Bestandteil eines erfüllten Lebens.

VORWORT

Glückliche Menschen sind offen für Erlebnisse, Erfahrungen und Ideen, ihre Sinne sind empfänglicher. Deshalb ist es so wichtig, dass unsere Kinder in der familiären Gemeinschaft aufwachsen und wir uns Zeit für sie nehmen.

In den letzten Jahren ist bei Vätern ein Wandel zu beobachten, sich mehr einzubringen ins Familienleben, was auch die steigende Zahl von Männern zeigt, die eine »Elternzeit« nehmen. Die Familie ist das erste und lange Zeit wichtigste Vorbild für soziales Verhalten unserer Kinder. Sie lernen in der Familie Verantwortung, Verpflichtung, Achtung, Geben und Nehmen, Teilen und Füreinander da sein. Eine neue Studie zeigt aber auch, dass in Deutschland Mütter durchschnittlich schon länger in ihr Handy sprechen als mit ihren Kindern ...

Die kindliche Persönlichkeit entfaltet sich hauptsächlich durch Bewegung und Wahrnehmung, und auch die Umwelt eignen sich die Kinder so an.

In diesem Sinne wünsche ich Ihnen, dass Sie sich auf Ihr Kind einlassen können, sich öffnen für die »Kleinigkeiten« im Leben, in ihnen Sinn und Erfüllung finden und viel von und mit Ihrem Kind lernen.

Ich möchte allen Kindern und Eltern meiner Eltern-Kind-Gruppen danken, da sie mich zu den Ideen und Beispielen inspiriert haben. Viele Rückmeldungen und Anregungen von Kolleginnen haben mich bereichert, besonders der Austausch mit Ingrid Broger aus der Schweiz und Monika Thiel. Ich danke meiner Freundin Katrin Krüger für ihre inspirierenden Gedanken, ihre Unterstützung bei vielen Themen und für die gelungenen Fotos; Dank auch den Eltern und Kindern, die sich fotografieren ließen. Bernhard Schön danke ich für seine kompetente Begleitung und das feinfühlige Lektorieren.

Meine inzwischen erwachsenen Kinder haben mir gezeigt, wie wichtig dieses Einbeziehen ins tägliche Leben ist. Ihre interessierten, konzentrierten Gesichter, wenn sie eine Aufgabe in Angriff nahmen, und ihr strahlendes Lachen, wenn sie diese bewältigt hatten, sind der Grund, warum ich das Buch schreiben »musste«. Ich danke Anke und Thomas für ihre Lebendigkeit und all das, was ich von ihnen lernen durfte und darf. Was mich aber am meisten freut, sind ihre Kreativität, fortbestehende Lernfreude, Leidenschaft für ihr Tun und soziale Kompetenz, mit denen sie ihr Leben meistern und offen für Neues sind.

Mein besonderer Dank gilt meinem Mann, der mir hilfreich zur Seite gestanden hat und sich während der Zeit des Schreibens um das »alltägliche Leben« gekümmert hat und auch während meiner Berufstätigkeit, als die Kinder klein waren, sie mit in sein Leben einbezogen und ihnen besonders auch handwerkliches Arbeiten nähergebracht hat.

Grundlegende Gedanken zum zweiten Lebensjahr

Mit dem Ende des ersten Jahres beginnt für Kinder und Eltern ein neuer, aufregender Lebensabschnitt: Die Kleinen erobern ihre Umwelt, werden kompetenter und selbstständiger.

GRUNDLEGENDE GEDANKEN ZUM ZWEITEN LEBENSJAHR

Am Ende einer PEKiP-Gruppe, als die Kinder ein Jahr alt wurden, habe ich die teilnehmenden Eltern gefragt: »Welche Fantasien, Wünsche, Erwartungen und Befürchtungen hast du in Bezug auf das zweite Lebensjahr deines Kindes?«

»Ich freue mich auf die zunehmende Selbstständigkeit, das wachsende Verständnis dafür, wie die Dinge des täglichen Lebens funktionieren, die neuen Dimensionen, die durch die Sprache eröffnet werden, auf all die kleinen und großen Entdeckungen. Ich befürchte, dass mir nicht so viel Zeit für meine Tochter bleibt. Außerdem habe ich Bedenken, ob ich auch in Stresssituationen ein konsequentes Erziehungsverhalten durchhalte. Ich bin unsicher, wie Josephine mit der Umstellung auf eine neue Tagesbetreuung zurechtkommt.«

»Ich hoffe sehr, dass mein beruflicher Wiedereinstieg sowohl für unser Kind als auch für mich und meinen Mann so klappt, dass möglichst keiner (dauerhaft) zu kurz kommt.«

»Ich fände es schön, wenn Paul im zweiten Lebensjahr immer selbstständiger würde, er sich viel mit sich selbst beschäftigen könnte und auch beginnen würde, soziales Verhalten zu lernen, z. B. Spielsachen abzugeben, mit anderen Kindern zu spielen und sich mit Geschwistern auseinanderzusetzen.«

»Jarne wird selbstständiger werden. Der Weg dahin wird im zweiten Lebensjahr extrem anstrengend sein und viel Nerven erfordern. Ich freue mich darauf, dass er anfängt zu sprechen, dass er mit uns mittun kann, dass der Alltag wieder einfacher wird und Jarne die alltäglichen Dinge Stück für Stück begreift, lernt und seinen Spaß dabei hat. Einerseits möchte ich ihn möglichst schnell ›groß‹ haben, andererseits trauere ich um jeden Tag, da er unwiederbringlich ist.«

Familie ist kein Zustand, sondern eine gemeinsame Wegstrecke.
(Holle Schneider)

Entwicklung und Erziehung des Kindes ab einem Jahr

Ein Kind entwickelt sich aus einem Zusammenspiel von Umwelt und Anlage. Körperliches und psychisches Wohlbefinden sind Voraussetzungen für eine normale Entwicklung. Bewegung und Wahrnehmung können als Motor für die Entwicklung gesehen werden und bilden gleichzeitig die Basis für Lernen. Die motorische Entwicklung unterliegt hauptsächlich einem inneren Reifungsprozess und baut auf vorherigen Erfahrungen auf.

Gehirnentwicklung durch soziale Kontakte unterstützen

Schon bei der Geburt hat ein Baby mehr als 100 Milliarden Nervenzellen, die erst ihre gesamten Funktionen durch Verknüpfungen erfüllen. Nach der Geburt werden durch körperliche Aktivitäten und dadurch ausgelöste Sinnestätigkeiten Reize geschaffen, die diese Verknüpfungen unterstützen. Dadurch kommt es zur Bildung von Kontaktstellen zwischen den Nervenzellen untereinander und anderen Zellen wie Sinnes- und Muskelzellen.

Durch jede Bewegung, Wahrnehmung, sinnliche Erfahrung und jedes Begreifen eines Gegenstandes oder Lebewesens kommt es zu neuen neuronalen Verbindungen im Gehirn. Diese bilden die Substanz für die Intelligenzentwicklung. Das beste Mittel zur Unterstützung dieser Prozesse sind die Bewegung und die Förderung der Selbstständigkeit kleiner Kinder.

In der Hirnforschung wurden eindeutige Zusammenhänge zwischen körperlicher Bewegung, sinnlicher Erfahrung und geistiger Entwicklung festgestellt. Den meisten Profit für ihre Bildung ziehen Kleinkinder aus dem gemeinsamen Tun mit anderen Menschen.

GRUNDLEGENDE GEDANKEN ZUM ZWEITEN LEBENSJAHR

Mathilda öffnet unbewusst auch ihren Mund.

Lernen durch Beobachten

Die Entdeckung der Spiegelneuronen (sie spiegeln das Handeln anderer im Gehirn wieder) bestätigt, wie wichtig es ist, schon die Kleinsten in unser Tun mit einzubeziehen. Spiegelneuronen sind Nervenzellen im Gehirn, die durch Beobachten einer Handlung die gleichen Gefühle auslösen, als wenn eine Handlung selbst ausgeführt wird. Sie werden aktiv, wenn man andere Personen beobachtet, Mimik und Gestik sowie Gefühle wahrnimmt. Spiegelneuronen sind Fundament u. a. für Mitgefühl und das Erlernen von Sprache. Sie sind auch die Grundlage für die Imitation motorischer Handlungen und somit ein wichtiger Bestandteil des Sozialverhaltens, der emotionalen Intelligenz.

Eine Bewegung fördernde, anregende und kommunikative Umwelt hat einen positiven Einfluss auf die körperliche und geistige Entwicklung.

Evolutionsforschung

Aus Sicht der Evolution sind Kleinkinder mit dem ausgestattet, was sie brauchen, um sich weiterzuentwickeln. Im 2. und 3. Lebensjahr haben sie das Bedürfnis, Dinge selber zu tun (zu beherrschen). Ihre Bindung an die Bezugsperson wird lockerer, der Autonomiewunsch immer stärker, die Kinder werden kompetenter, um auch in einer »Gleichaltrigengruppe« klarzukommen. Gerade in diesem Alter entstehen Trotzanfälle meist, weil die Kinder selbstständiger sein wollen, als es die Bezugspersonen zulassen – sie trauen ihnen vieles noch nicht zu. Machtkämpfe, ob das Kind sich die Schuhe allein anziehen darf oder dies der Erwachsene tut (der es schneller kann), gehören zum Alltag.

Bildungschancen durch Bewegung

Kinder, die schon früh körperlich aktiv waren, sind später sowohl in ihrer Beweglichkeit als auch in ihrer Sprachentwicklung und Selbstständigkeit kompetenter. Wie viel Bewegung, Gleichgewichtssinn und Überlegung gehören dazu, dass ein Zweijähriges sich selbst anzieht und zuerst das Hemd und die Unterhose nimmt. Oder ein gefülltes Glas so trägt, dass er nichts verschüttet.

Gerade das Einbeziehen in das tägliche Tun im Haushalt unterstützt die Bildung eines Selbstkonzeptes und die Erfahrung der Selbstwirksamkeit. Die emotionale, geistige und körperliche Entwicklung wird gestärkt. So ist die Unterstützung des »Will selber machen« oder »Kann alleine« ein Schritt auf dem Weg zur eigenen Identität. Selbstständigkeit führt zu einem erfolgreichen Leben. Dafür benötigen wir Selbstsicherheit, Unabhängigkeit und Durchsetzungskraft.

Kinder lernen durch Ausprobieren und Nachahmen.

Auch intensives Nachahmen der Eltern gehört zur Entwicklung des Kleinkindes, was besonders für das gemeinsame Tun (z. B. den Tisch decken) spricht.

Am Anfang des zweiten Lebensjahres haben die meisten Kinder gelernt, sich bis zum Stand aufzurichten. Das Kind strebt also zunehmend die Haltung der Erwachsenen an und will sich genau wie diese fortbewegen. Es läuft zwar noch nicht frei, aber es bewegt sich im Seitschritt an Möbeln entlang, lässt einen Gegenstand los und greift schnell einen anderen (z. B. Umgreifen vom Sessel zum Couchtisch) oder steht, ohne sich festzuhalten, mit dem Körper an einen Gegenstand gelehnt.

Durch die aufrechte Position wird die Wahrnehmung differenzierter. Krabbeln wird Ihr Kind aber noch lange als sicheres Fortbewegungsmittel beibehalten. Das hat für die Weiterentwicklung des Gleichgewichtssinns eine große Bedeutung.

Wenn das Kind sich in den Stand zieht, steht es mit beiden Beinen fest auf dem Boden. Seine ersten Schritte macht es breitbeinig, um mehr Standfestigkeit zu haben.
Das Kind
> richtet sich auf;
> hält sich aufrecht auf den Füßen;
> verlagert sein Gewicht von einem auf den anderen Fuß;
> hebt abwechselnd die Füße vom Boden;
> hält sein Gleichgewicht auf einem Fuß;
> dreht seinen Körper in die von ihm gewünschte Richtung;
> läuft in diese Richtung;
> schätzt Entfernungen beim Laufen ab;
> stoppt oder ändert seine Richtung.

In der aufrechten Haltung erweitert das Kind seinen Horizont und bekommt einen besseren Überblick. Die »Erkundungsausflüge« dehnen sich weiter aus. Es kann seine Hände freier benutzen, da es sie nicht mehr zum Abstützen benötigt. Wenn die Kinder das Laufen sicher beherrschen, wenden sie sich wieder mehr den feineren Bewegungen mit den Händen zu. Sie sitzen gerade und halten dabei gut ihr Gleichgewicht. Sie können also in der stehenden, sitzenden und knienden Position mit ihren Händen die Welt erobern. Sie sitzen länger auf einer Stelle und spielen konzentriert mit Dingen oder schauen sich ein Bilderbuch an.

Nachdem das Kind im ersten Lebensjahr sein Urvertrauen entwickelt hat, wird es im zweiten und dritten Lebensjahr eine eigenständige soziale Persönlichkeit und erreicht dies am besten, wenn Sie es durch Erfahrungen und Handeln am Modell der Eltern (und Geschwister) lernen lassen.

Engen Sie das Kind zu sehr ein, so wird es nur wenig Autonomie und Initiative entwickeln. Andererseits bedeutet ständiges Gewährenlassen für kleine Kinder eine Überforderung. Sie können keine Grenzen erkennen und haben somit auch Schwierigkeiten, ihre eigene Persönlichkeit zu entwickeln. Was also tun?

Es geht in der Erziehung nicht darum, zu verbieten oder gewähren zu lassen, sondern in eigener Überzeugung und sinnvoll zu handeln. Sie müssen also sich selbst ernst nehmen und hinter ihren Handlungen stehen, sich aus echter Überzeugung »identisch« verhalten. Wenn diese Voraussetzungen stimmen und Sie konsequent sind, werden Kinder Ge- und auch Verbote akzeptieren.

Wir können den Kindern keine Garantie für die Zukunft geben, aber wir können ihnen die Gegenwart schenken. (Aus Irland)

Beide Seiten lernen im Kontakt miteinander, Rücksicht zu nehmen und kompromissfähig zu werden. Das ist ein allmählicher Prozess, der über Jahre dauert.

Ein wesentliches Element der Erziehung ist das Lernen durch Handlung und Erfahrung. Ermöglichen Sie dem Kind deshalb viele Entdeckungen und Erfahrungen. Es wird dabei allerdings auch mehr und mehr seinen eigenen Willen entdecken, und das führt zu Machtkämpfen. Die Kinder wollen alles ausprobieren und berühren. Dieser Drang wird manchmal so stark, dass sie sogar Strafen in Kauf nehmen, um die Welt weiter zu erkunden. Womöglich werden Sie erleben, dass Ihr Kind seine Eltern zu provozieren versucht und dabei ausprobiert, ob sie immer gleich reagieren.

Kinder sind nicht Sklaven ihrer Eltern, aber Eltern dürfen auch nicht Sklaven ihrer Kinder sein.

Verbieten Sie Ihrem Kind nur das Notwendigste. Seien Sie aber bei Verboten konsequent. Versuchen Sie, möglichst nachvollziehbare Konsequenzen zu finden, das Kind trägt Folgen, die mit der Ursache zusammenhängen.

Wenn es in der Küche immer wieder die Herdknöpfe dreht, kann es sich dort nicht frei bewegen. Das konkrete Erleben bietet dem Kind die moralische Einsicht. Sie müssen allerdings damit rechnen, dass Ihr konsequentes Verhalten Wutanfälle zur Folge hat. Versuchen Sie, diese auszuhalten, denn nur so lernen Kinder, Verbote zu akzeptieren. Sie können gewiss sein, dass der Wutanfall eine Entlastung ist, durch die Ihr Kind sein Gleichgewicht wiederfindet.

Kinder von Verbotenem abzulenken halte ich nur bedingt für empfehlenswert. Manchmal habe ich es getan, um die eigenen Nerven zu schonen oder weil ich keine Zeit hatte. Das sollten aber eher Ausnahmen bleiben, denn wenn die Kinder älter sind, lassen sie sich nicht mehr ablenken, und die »Kämpfe« sind dann härter, weil die Kinder das Verzichten noch nicht geübt haben.

Kleine Kinder wollen kompetent und selbstständig werden. Gleichzeitig brauchen sie aber auch noch den Schutz der Eltern. Sie sind der Ausgangspunkt für Entdeckungsreisen, aber auch das Basislager, zu dem die Kinder immer wieder zurückkehren, um aufzutanken und sich dann wieder neu zu entfernen.

Man kann recht viel, wenn man es sich nur zutraut.

Je nach Temperament der Kinder sind die Entdeckungsreisen mehr oder weniger riskant. Und die Eltern sehen diese Ausflüge mehr oder weniger ängstlich. Sie müssen gleichzeitig beschützen und loslassen, und auch dies ist ein schwieriger Lernprozess.

Das Kind kann frei laufen. Damit lernt es, ein Gleichgewicht zu finden zwischen
> Nähe und Erkunden,
> Gefahr und Sicherheit,
> Vorsicht und Wagemut,
> Bekanntem und Unbekanntem.

Kinder in diesem Alter entfernen sich meist nicht zu weit von ihren Eltern. Probieren Sie es einmal aus: Werden Kinder immer wieder zu früh zurückgeholt, versuchen sie wegzulaufen und achten nicht mehr auf sich selbst. Sie haben gelernt: »Andere passen auf mich auf, sie sind für mich verantwortlich.« Eltern, die keine »Ausflüge« gestatten, verstehen oft nicht, dass ihre Kinder frustriert sind und sich mit der Zeit nichts mehr zutrauen, anhänglich und ängstlich werden. Beziehen Sie Kinder in die einfachen Abläufe des Alltags mit ein. Wenn sie selbst etwas tun dürfen, lernen sie Vertrauen in sich, ihr Handeln und ihren Körper. Und sie lernen, dass nicht alles sofort klappt. Wir sollten den Kindern Stressreaktionen zugestehen und ihnen gleichzeitig die Zuversicht vermitteln, dass sie unbekannte Situationen meistern können.

Wenn das Kind läuft, setzen die Erwachsenen eher Normen. Die Kinder beginnen, sich nach dem ersten Lebensjahr stärker den Eltern anzupassen. Sie finden oft selber Lösungen, die beide Seiten akzeptieren können. Es ist aber noch ein langer Weg, bis sie gleichwertige Partner von uns Erwachsenen werden.

Kleine Kinder erforschen die Welt

Kleine Kinder sind aktiv und mischen sich zielgerichtet in alles ein, was »die Großen« tun. Sie stürzen sich in ihr Vorhaben mit Energie und Engagement. Dabei wollen sie den Dingen auf den Grund gehen und führen regelrechte Versuchsreihen durch. Sie sehen Ergebnisse, verändern Bedingungen und erzielen gleiche oder andere Ergebnisse.

Der Wunsch vieler Eltern nach einem ruhigen, mit seinen Spielsachen still beschäftigten Kind wird in Ansätzen vielleicht von Kindern erfüllt, die ständig daran gehindert werden, ihren Forscherdrang auszuleben. Auf Dauer werden diese Kinder unglücklich, und es wird schwer, mit ihnen zusammenzuleben.

Es ist schwierig, den Sprudel langsam ins Glas zu füllen, ohne etwas zu verschütten ... und dann noch die Flasche zu schließen.

Deshalb möchte ich Ihnen Mut machen, Ihr Kind bei seinem Forschungsdrang zu unterstützen, es vieles ausprobieren zu lassen. Dann wird es seine Umwelt eher und umfassender kennenlernen und erwirbt Kompetenzen wie Selbstbewusstsein, Selbstsicherheit und Eigenständigkeit. Ein solches Kind benutzt mit drei Jahren die Dinge des täglichen Lebens funktionsgerecht und kommt im Alltagsleben gut zurecht.

Schon das Einjährige nimmt Dinge auseinander. Es prüft mit Händen, Mund und Zunge wie sich das Material anfühlt und ob es verändert werden kann. Es interessiert sich für Farben, Formen, Geschmack, Geruch, Gewicht und Geräusche. Und es überprüft einzelne Funktionen. Es wiederholt seine Forschungen, bis das Gehirn gespeichert hat, warum was wie abläuft. Das Kind wird es genießen, wenn wir ihm dabei assistieren.

Kinder lernen am besten durch Motivation. Das eine Kind beobachtet und macht nach, ein anderes probiert etwas aus, ein drittes fängt früh zu sprechen an – und alle entwickeln sich normal. Sicher brauchen Kinder manchmal Ansporn, um bei einer Sache zu bleiben, aber ein andauernder Zwang wird sie nicht ans Ziel bringen.

Wenn Sie Ihr Kind gut begleiten, werden Sie ihm auch das geistige »Futter« anbieten, das es zum jeweiligen Zeitpunkt braucht und einfordert. Angebote sollten sich mehr nach den Interessen der Kinder richten als nach ihrem Alter.

Die Lust am Entdecken sollte nicht gebremst werden. Allerdings gibt es auch Tabuzonen, die das Kind akzeptieren muss, z. B. die Schaltknöpfe am Herd. Dieses Verbot akzeptieren sie eher als die Schalter der Musikgeräte. Bei der Gefahrenzone Herd sind die meisten Eltern konsequenter als bei der Musikanlage.

Kein (ständig) gehorsames Kind kann je ein freier Mensch werden. (A.S. Neill)

GRUNDLEGENDE GEDANKEN ZUM ZWEITEN LEBENSJAHR

Die Anregungen in diesem Buch möchten die PEKiP®-Grundsätze für das zweite Lebensjahr fortsetzen. Das Prager-Eltern-Kind-Programm (PEKiP) richtet sich an Eltern mit ihren Kindern im ersten Lebensjahr. Die vier Hauptziele sind:
> Kinder in der Entwicklung unterstützen
> die Beziehung zwischen Eltern und Kindern vertiefen
> die Kontakte der Erwachsenen untereinander fördern
> die Kontakte der Kinder untereinander und zu anderen Erwachsenen intensivieren

Ausführlich habe ich mich damit in meinem Buch »PEKiP: Spiel und Bewegung mit Babys« beschäftigt (siehe Anhang).
Ein Grundsatz von PEKiP® ist es, dass sich das Spielangebot nach den Handlungsansätzen des Kindes richtet und die Aktivität vonseiten des Erziehers zu verändern oder zu beenden ist, wenn das Kind Ermüdung oder Unlust zeigt oder sein Spiel selbstständig fortsetzen will. Spiel wird als eine partnerschaftliche Interaktion gesehen. Im PEKiP sehen wir das Kind als »Experimentator«, der die Welt von sich aus untersucht, seine eigenen Fähigkeiten dabei erprobt und die Umwelt in seinem Sinne versuchsweise verändert. Die dem Kind angebotenen Gegenstände werden der natürlichen Umwelt des Erwachsenen und dem alltäglichen Leben entnommen (Koch 1976).
Die Kreativitätsimpulse in der Interaktion zwischen Erwachsenem und Kind gehen dabei in erster Linie vom Kind aus, das in unser Tun, in unsere Arbeit einbezogen werden möchte. Wir regen das Kind durch geeignete Beschäftigungen zu Aktivitäten an und fordern sein Erkundungsverhalten heraus. Schon in den PEKiP-Gruppen nutzen wir als Spielmaterial viele Dinge des täglichen Lebens, die die Kinder besonders interessieren, weil auch wir sie benutzen.

Die folgenden Anregungen geben Eltern und Kindern zwischen ein und drei Jahren Hilfestellungen beim täglichen Zusammenleben. Sie tragen dazu bei, die Kinder in der Entwicklung zu unterstützen und die Beziehung zwischen Eltern und Kind zu stärken.

Genauso wie die PEKiP-Spiele im ersten Lebensjahr sollen auch die nachfolgenden Anregungen

> die Motorik der Fortbewegung und die der Hände,
> die Alltagsgewohnheiten
> und die sozialen Interaktionen unterstützen.

Der soziale Kontakt kann sowohl vom Kind als auch vom Erwachsenen aufgenommen werden. Wenn ein Angebot vom Kind ausgeht, so überlegen Sie sich zunächst, ob Sie in diesem Moment Zeit für eine gemeinsame Aktivität haben, und teilen Sie das dem Kind deutlich mit.

Mit höchster Konzentration wird die Flasche in die Spülmaschine gestellt.

GRUNDLEGENDE GEDANKEN ZUM ZWEITEN LEBENSJAHR

Das Kind möchte Ihnen z. B. bei Ihrer Arbeit helfen. Dabei können Sie in folgenden Schritten vorgehen:

> Sie erlauben es und schaffen die Voraussetzungen zum Tun.
> Sie beobachten, ob und wie Ihr Kind mit der Sache zurechtkommt.
> Sie überlegen, ob und wie Sie reagieren wollen.
> Sie geben ihm vielleicht eine Hilfestellung oder ermuntern es, mit der Sache weiterzumachen.

Es ist gut, wenn der Tagesablauf eine gewisse Ordnung mit einer bestimmten Zeit fürs Kind hat. In dieser Zeit versuchen Sie, ihm emotionale, körperliche, geistige und mimische Zuwendung zu geben und begleiten seine Bewegungen, Gestik und Mimik mit sprachlichen Kommentaren.

Alles hat seine Zeit, wenn wir uns Zeit lassen. Zeit gewinnt nur der, der sich Zeit lässt.

Oskar kann schon den Dreck aufs Kehrblech fegen.

Das tägliche Leben miteinander

Kleine Kinder leben in der Gegenwart. Was sie im Moment sehen und erleben, ist für sie immer das Wichtigste. Was sie sehen, nehmen sie noch ohne Vorerfahrung und ohne Vorurteile auf. Dadurch sehen sie im Gewöhnlichen Wunderbares, entwickeln Kreativität im Umgang mit den einfachen Dingen des täglichen Lebens und lassen uns dadurch die Welt mit anderen Augen sehen und neue Freude erleben.

Auch, wenn wir es manchmal im Stress der alltäglichen Belastungen vergessen: Kinder sind eine große Bereicherung in unserem Leben. Versuchen Sie, Ihre Beziehung zum Kind in Offenheit, Neugier und Freude an seiner Existenz zu gestalten, das bringt neue Spontaneität und Kreativität in Ihr eigenes Leben.

Die wahre Lebenskunst besteht darin, im Alltäglichen das Wunderbare zu sehen.
(Pearl S. Buck)

Oft haben wir Erwartungen und Forderungen an unser Kind, die es nicht erfüllen kann. Vermeiden Sie Überforderungen, und nehmen Sie Ihr Kind so, wie es ist. Im Leben mit einem Kleinkind orientieren wir uns an seinen Bedürfnissen. Denken Sie immer daran, dass die Kinder selbst unsere besten Lehrmeister sind, wenn wir erfahren wollen, was für sie in ihrer momentanen Entwicklung wichtig ist. Wenn wir sie aufmerksam beobachten, nehmen wir ihre Bedürfnisse wahr, wissen wir z. B., ob sie gerade Nähe brauchen oder »ihre eigenen Wege« gehen möchten.

Kinder in diesem Alter brauchen noch oft die körperliche Nähe ihrer Bezugspersonen. Andererseits ist es auch wichtig, ihnen Freiräume zu lassen, um sie nicht zu sehr zu behüten und dadurch unselbstständig werden zu lassen. Wenn wir sie nicht genug fordern, zeigen sie uns das dadurch, dass sie immer wieder Dinge tun möchten, die wir z. B. für zu gefährlich halten.

Die Kunst besteht darin, zu unterscheiden, wann und wo Kinder auf unsere Hilfe angewiesen sind. Lassen Sie Ihr Kind ruhig Neues ausprobieren. Bleiben Sie in der Nähe, um notfalls einzugreifen. Wenn Sie sehen, dass Ihr Kind die Aufgabe, die es sich gestellt hat, meistern kann, überprüfen Sie Ihre Sichtweise über sein Können. Ihr Kind hat vielleicht einen Entwicklungssprung gemacht, und Sie haben es noch nicht bemerkt.

**Man kann den Menschen nichts lehren, man kann ihm nur helfen, es in sich selbst zu finden.
(Galileo Galilei)**

Das Kind kann durch Ausprobieren, Erfahrungen und eigene Erkenntnisse seine Umgebung erfahren und verändern und darf, wo es möglich ist, kompetent sein, das heißt vieles versuchen und kennenlernen, ohne auf die Aufmerksamkeit und beschützende Nähe der Bezugsperson verzichten zu müssen.

Es ist wichtig, dass wir keine festgelegten Erwartungen an unsere Kinder haben. Lassen Sie sich nicht von bestimmten zu erreichenden Entwicklungsschritten verunsichern, wie sie in vielen Ratgebern für konkrete Altersstufen festgelegt werden. Sie treffen vielleicht gerade auf Ihr Kind nicht zu, weil es z. B. früher laufen gelernt hat, aber noch nicht so viel spricht wie ein Gleichaltriges.

Kinder sollen so werden dürfen, wie sie sind, und nicht so werden müssen, wie wir es wollen.

Die Forschung bestätigt uns, dass es Unterschiede beim Spielverhalten zwischen Jungen und Mädchen gibt; trotzdem sollten wir beiden gleiche Möglichkeiten der Erfahrungen anbieten. Bei einer neueren Umfrage zu Unterschieden in der Erziehung von Jungen und Mädchen antworteten die Kinder: Jungen können sich verwöhnen lassen, brauchen nicht im Haushalt zu helfen und haben mehr Freizeit. Kinder erleben leider immer noch, selbst bei Berufstätigkeit der Mutter, dass Väter weniger Hausarbeit übernehmen. Beziehen Sie Ihr Kind – egal ob Junge oder Mädchen – in die Hausarbeit mit ein. Es wird ihm oder ihr jetzt und später zugutekommen.

Zusammenfassung

> Bewegung und Wahrnehmung können als Motor für die Entwicklung gesehen werden und bilden gleichzeitig die Basis für Lernen beim Kleinkind. Auch die Hirnforschung hat die Zusammenhänge zwischen Bewegung, sinnlicher Erfahrung und Entwicklung eindeutig festgestellt.

> Kinder, die am Modell der Eltern (und Geschwister) lernen können und auf ihrem Weg in die Selbstständigkeit nicht zu viele Verbote erleben, werden eher eine eigenständige soziale Persönlichkeit entwickeln.

> Zunächst das selbstständige Sitzen, dann das freie Laufen eröffnen dem Kind viele neue Erfahrungsräume. Gleichzeitig braucht es seine vertrauten Bezugspersonen als Schutz und Sicherheit.

> Bei ihren »Forschungsreisen« lernen die Kinder ihre Umwelt kennen, untersuchen alles Erreichbare, vergleichen und probieren aus, bis ihr Gehirn die Abläufe gespeichert hat. Erwachsene können die Kinder unterstützen, ihnen Angebote machen und darauf achten, dass sie sie weder überfordern noch neue Erfahrungen verhindern.

Anregungen für den Alltag mit Ihrem Kind

Beziehen Sie die Kinder möglichst oft in die Abläufe Ihres Alltags mit ein. So lernen sie, ihren Ideen, ihrem Tun und ihrem Körper zu vertrauen.

ANREGUNGEN FÜR DEN ALLTAG MIT IHREM KIND

Wenn Sie berufstätig sind und morgens früh aus dem Haus müssen, treffen viele der Anregungen im Abschnitt »Der Tagesbeginn« für Sie und Ihr Kind nur bedingt zu. Haben Sie jemanden zur Betreuung Ihres Kindes, können die Anregungen vielleicht einen Teil der Zeit des Kindes mit der Bezugsperson ausfüllen.

Sind Sie hauptsächlich zu Hause tätig, fehlt Ihnen vielleicht manchmal der Abstand zu Ihrer täglichen Hausarbeit, um die Anregungen aufzugreifen. Ich hoffe, dass ich Ihnen mit meinen Vorschlägen einen kleinen Anstoß geben kann.

Einige Anregungen sind auch für Krabbelkinder möglich. An manchen hat schon Ihr Einjähriges Freude, anderes will es vielleicht erst mit drei Jahren versuchen. Es gibt keine Altersangaben, da die Entwicklung unterschiedlich verläuft und auch davon abhängt, ob Ihr Kind lieber ruhig spielt oder eher bewegungsfreudig ist. Manche Anregungen interessieren Ihr Kind nicht, andere kann es nicht oft genug machen.

Lara entdeckt ihren Schatten.

Der Begriff »Anregungen« bedeutet für mich einerseits etwas anderes als zweckfreies Spiel; andererseits möchte ich auch nicht, dass meine »Anregungen« als Übungen missverstanden werden. Es handelt sich vielmehr um ein Einbeziehen in das tägliche Leben mit seinen Arbeiten und Pflichten. Mit zunehmendem Alter können und sollen die Kinder immer mehr daran teilnehmen. Allerdings können sie ihr Tun jederzeit mit Fantasie in kreatives Spiel verwandeln. Bei den vielen Anregungen, die ich Ihnen gebe, sollten Sie nie vergessen, dass Kinder auch Zeit brauchen, allein zu spielen, und sich nicht ständig in die Arbeit einbeziehen lassen.

Verbinden Sie im Umgang mit Ihrem Kind Arbeit und Freizeit. Das ist sicher nicht ganz einfach. Aber für Kinder gibt es keine Trennung von Arbeit und Spiel. Lassen Sie Ihrem Kind auch Zeit, sich allein zu beschäftigen. In der Zeit, in der Erwachsene nicht direkt mit dem Kind spielen, kann seine Umgebung so gestaltet werden, dass sie zu nutzvollem Tun anregt, sagt sinngemäß Jaroslav Koch (1969).

Die wichtigsten Dinge im Leben bekommt man umsonst.

Die Arbeiten, die Ihr Kind verrichtet, machen es stolz. Es freut sich, dass es mit Ihnen etwas tut und sinnvoll zum Gelingen des täglichen Lebens beiträgt.

Diese Arbeiten fördern die Entwicklung Ihres Kindes, da es lernt, seine Hände in bestimmter Weise zu gebrauchen, bei anderen Dingen wie z. B. beim Tragen, lernt es, sein Gleichgewicht auszubalancieren und sich auf ein bestimmtes Tun zu konzentrieren. Die Kinder erleben dieses Tun allein oder mit Ihnen zusammen als eine ernsthafte Tätigkeit, der man genügend Zeit, Ruhe und Aufmerksamkeit widmet.

ANREGUNGEN FÜR DEN ALLTAG MIT IHREM KIND

Versuchen Sie, bei allen gemeinsamen Aktivitäten mit Ihrem Kind gelassen zu sein. Der Begriff Gelassenheit kommt von Lassen. Seien Sie gelassen und lassen Sie Ihr Kind seine eigenen Erfahrungen machen. Kinder in diesem Alter können oft noch nicht all das, was sie wollen. Es misslingt ihnen manches und darüber sind sie selbst traurig. Ermutigen Sie Ihr Kind in solchen Situationen zu Wiederholungen.

Wer einem Kind die Lösung eines Problems sagt, betrügt es um seine eigene Erfahrung.
(Jean Piaget)

> Stehen Sie Ihrem Kind bei und trösten Sie es bei Misserfolgen.
> Respektieren Sie den Willen Ihres Kindes, und machen Sie ihm Mut, etwas Neues auszuprobieren.
> Schützen Sie es vor Risiken, die es noch nicht überblicken kann.
> Halten Sie sich bereit, Hilfestellung zu geben.
> Lassen Sie Ihr Kind selbst entscheiden.
> Fördern Sie seine Selbstständigkeit.
> Verbieten Sie ihm konsequent Dinge, die gefährlich sind.
> Beobachten Sie, an welchen Tätigkeiten Ihr Kind im Alltag Interesse zeigt, und ermöglichen Sie ihm, daran teilzunehmen.
> Suchen Sie sich am Anfang einzelne Tätigkeiten aus den Anregungen aus, die Ihr Kind in Ihrem Familienalltag leicht verwirklichen kann.
> Überlegen Sie sich, welche Tätigkeiten ihm am meisten Freude machen.

Weniger Stress im Alltag

Egal ob Sie berufstätig sind oder nicht, versuchen Sie, den Alltag mit möglichst wenig Stress für sich und Ihr Kind zu gestalten. Solange Ihr Kind klein ist, richten Sie sich nach seinem Lebensrhythmus. Das bringt bedeutend weniger Stress, als wenn Sie ständig versuchen, das Kind Ihrem Rhythmus anzupassen.

Kinder sind wie Blumen. Man muss sich zu ihnen niederbeugen, wenn man sie erkennen will.
(Friedrich Fröbel)

Es gibt einige einfache Möglichkeiten, wie Sie Ihren Alltag weniger belastend gestalten können:

Steigern Sie sich nicht in den Stress hinein, sondern suchen Sie Entlastung.

Machen Sie sich eine Liste, was alles zu tun ist, ordnen Sie sie nach Dringlichkeit, streichen Sie Arbeiten, die Sie vielleicht auch später tun oder sogar ganz wegfallen lassen können (z. B. Unterwäsche bügeln), und arbeiten Sie die Aufgaben nacheinander ab. Freuen Sie sich über das, was Sie schon geschafft haben, Sie wissen, dass Sie die Arbeit nach und nach schaffen werden.

Morgens, wenn Sie die meiste Energie haben, erledigen Sie schon einiges. Die meisten Kinder wollen nach dem Aufstehen erst einmal allein spielen.

Versuchen Sie, in Gedanken bei der Arbeit zu sein, die Sie gerade tun, und nicht schon bei der nächsten.

Organisieren Sie erst Ihre Hausarbeit und lassen Sie sich nicht durch andere, möglicherweise viel angenehmere Dinge ablenken. Verschieben Sie das Gespräch mit der Freundin; belohnen Sie sich damit nach getaner Arbeit.

Wenn Sie das Gefühl haben, die Arbeit nicht zu schaffen, geben Sie es ruhig zu, suchen Sie sich Helfer, oder geben Sie einen Teil der regelmäßigen Arbeit an andere Familienmitglieder ab.

Akzeptieren Sie, dass die Wohnung einfach nicht mehr so aufgeräumt und sauber aussieht wie zu der Zeit, als Sie noch kein Kind hatten. Auch Decken und Vasen räumt man in dieser Zeit lieber weg, um sich unnötigen Ärger zu ersparen.

Freuen Sie sich daran, dass Ihr Kind temperamentvoll, selbstständig und fröhlich ist. Das ist schließlich nicht selbstverständlich.

Sie müssen nicht perfekt sein! Kleine Fehler machen einen Menschen liebenswert.

Sie müssen nicht schnell sein! Sie sind bei der Arbeit und nicht auf der Flucht.

Sie müssen es nicht allen recht machen! So lernen die anderen Familienmitglieder, auch Verantwortung zu übernehmen.

Der Tagesbeginn

Wenn alle morgens aus dem Haus müssen, sollte sich derjenige ums Kind kümmern, der jetzt die bessere Laune hat. Abends ist es vielleicht umgekehrt, sodass das Kind beide Elternteile in diesem Zusammenhang erlebt.

Der Tag von Familien mit kleinen Kindern beginnt oft früh. Kinder brauchen unterschiedlich viel Schlaf. Manche gehen abends spät ins Bett und wachen trotzdem früh auf. Besonders beneidet werden immer die wenigen Eltern, deren Kinder ein großes Schlafbedürfnis haben.

Das morgendliche Aufwachritual sieht sehr unterschiedlich aus. Nicht zuletzt, weil die Kinder unterschiedliche Bedürfnisse haben. Ein Kind spielt noch eine ganze Weile im eigenen Bettchen mit seinen Kuscheltieren, ein anderes will sofort nach dem Aufwachen im Bett der Eltern sein Fläschchen trinken und ein drittes rennt putzmunter durch die Wohnung.

Fit werden für den Tag

Wenn es Ihnen guttut, morgens einige tiefe Atemzüge oder Bewegungsübungen zu machen, sollten Sie das beibehalten. Die Kinder schauen zu, oder versuchen, die Übungen nachzuahmen. Es ist wichtig, dass Sie morgens das tun, was Ihnen einen guten Start in den Tag erleichtert.

Schlafanzug ausziehen

Wenn das Kind aufsteht, wird es als Erstes von der Windel befreit. Ermuntern Sie Ihr Kind dazu, Ihnen zu helfen, den Schlafanzug auszuziehen: »Vielleicht schaffst du es schon, die Hose ein wenig nach unten zu ziehen.« Oder: »Halte mal deine Arme nach oben, damit wir den Schlafanzug über den Kopf ziehen können.«

Mit zunehmendem Alter hilft das Kind immer mehr mit, bis es seinen Schlafanzug allein ausziehen kann. Am Anfang fällt es Ihnen vielleicht schwer, das Kind mithelfen zu lassen, weil das mehr Zeit in Anspruch nimmt. Gerade in diesem Alter wollen die Kinder aber viel selbst machen. Sicher können Sie Ihr Kind auch mal »bedienen«, wenn es besonders müde ist, aber das sollte etwas Besonderes bleiben.

Verwöhnen: etwas fürs Kind tun, das es allein tun kann.

Körperpflege, Windeln

Waschen und abtrocknen

Beim Gesicht- und Händewaschen will Ihr Kind gern mithelfen. Als Erstes kann es lernen, sich danach abzutrocknen. Dazu geben Sie ihm vielleicht am Anfang ein kleines Gästetuch, weil es dies besser halten kann. Als nächstes wäscht es sich vielleicht die Hände mit Seife am Waschbecken und trocknet sich diese selbstständig am Handtuch ab.

32
ANREGUNGEN FÜR DEN ALLTAG MIT IHREM KIND

Jule ist konzentriert mit dem Wasser beschäftigt.

Ihr Kind freut sich, wenn es eine Fußbank hat, mit der es ans Waschbecken kommt, damit es sich dort, genau wie die Eltern, selbst waschen kann. Dabei spürt es: So fühlt es sich an, wenn ich fest mit dem Lappen rubbele oder nur sacht das Gesicht berühre, ob der Waschlappen eher kalt oder warm, feucht oder triefend nass ist.

Mit solchen unterschiedlichen Erfahrungen übt das Kind seine taktile Wahrnehmungsfähigkeit. Das ist die Wahrnehmung über die Haut. Manchmal wird es stärkere Berührungen vorziehen, ein anderes Mal wird es sich mehr streicheln. Auch hier gibt es unterschiedliche Vorlieben. Die eine mag gern eine zarte Berührung, während der andere lieber fest angefasst wird.

Beim Waschen und Abtrocknen können Sie die einzelnen Körperteile mit Namen nennen. Wenn die Sprachfähigkeit weiterentwickelt ist, wird Ihr Kind sie dann selbst benennen.

Windeln wechseln
Das Wickeln macht den meisten Kindern in diesem Alter wenig Freude. Im Stehen lassen sie sich gern eine frische Windel anziehen.

Merkt Ihr Kind schon, wann es einen Haufen oder Pipi gemacht hat, legen Sie die Windeln doch einfach so hin, dass es sie allein holen kann. Dadurch achtet es auf die Vorgänge in seinem Körper, und es fühlt sich eher beachtet. Natürlich freuen wir uns mit ihm über dieses Können. Zeigen Sie ihm den Inhalt der alten Windel und benennen ihn. Danach kann Ihr Kind die Windel in den Eimer werfen.

Ohne Windel auskommen
Kinder lernen durch Sehen, Erleben und Nachahmung. Es ist wichtig, dass wir die Kinder mit zur Toilette nehmen. Sprechen Sie mit ihm darüber, was Sie auf der Toilette machen. Manche Kinder haben Angst, in die Toilette zu fallen, und verkrampfen sich dadurch, wenn sie auf der Toilette sitzen.

Kaufen Sie ein Töpfchen oder einen Kindersitz für die Toilette, wenn Ihr Kind ca. 1½ Jahre alt ist. Kinder in diesem Alter können uns schon gut nachahmen.

Auf einem Töpfchen sitzen die Kinder entspannt, da ihre Füße auf dem Boden stehen, ein Toiletteneinsatz hat den Vorteil, dass das Kind sich wie die Großen fühlen kann. Allerdings braucht es einen Schemel, um auf den Sitz zu gelangen.

Wenn Ihr Kind das erste Mal etwas ins Töpfchen gemacht hat, erklären Sie ihm, warum Sie den Inhalt jetzt einfach in der Toilette verschwinden lassen. Manche Kinder sind sehr enttäuscht darüber, dass das, worauf so sehnsüchtig gewartet wurde, einfach weggespült wird. Freuen Sie sich mit dem Kind über den Erfolg, aber loben Sie auch nicht übertrieben.

Die meisten Kinder lernen zwischen zwei und vier Jahren, ihre Blasen- und Schließmuskeln zu kontrollieren. Sie lernen es umso eher und besser, je weniger Aufsehen und Druck gemacht werden. Eltern fühlen sich durch Verwandte und Bekannte oft zur »Sauberkeitserziehung« gedrängt. Dieser Begriff gefällt mir nicht. Sind Kinder, die ihre Ausscheidungen in die Windel machen, schmutzig? Versuchen Sie, in Ruhe abzuwarten. Ihr Kind lernt beim Sauberwerden etwas über Geben und Nehmen, Loslassen und Festhalten, Ursache und Wirkung. Das Kind gibt Ihnen Zeichen, wann es die Reife hat, um sich mit dem bewussten Loslassen seiner Ausscheidungen zu beschäftigen. Irgendwann im zweiten oder dritten Lebensjahr bekommt es ein Gefühl für seine Ausscheidungsorgane. Es merkt, wenn sich seine Muskeln zusammenziehen und entspannen.

Wollen Sie unbedingt den Toilettengang üben, sollten Sie erst dann beginnen, wenn die Windel längere Zeit trocken ist und Ihr Kind versteht, was Sie von ihm erwarten. Dies ist in der Regel frühestens mit 18 Monaten möglich. Manche Kinder verstehen erst im dritten Lebensjahr, was Sie von ihnen wollen.

Sich ohne Windeln bewegen

Lassen Sie Ihr Kind möglichst oft ohne Windeln laufen, damit es ein Gefühl für seine Ausscheidungen bekommt. Bei sommerlicher Wärme kann Ihr Kind ohne Windeln draußen spielen. Es ist wichtig, dass das Kind früh lernt, sich selbst auszuziehen, damit es allein aufs Töpfchen gehen kann, wenn es so weit ist.

Haut eincremen

Wenn Ihr Kind zu trockenen Hautstellen neigt, sollte es an diesen Stellen eingecremt werden. Am Anfang werden Sie das machen. Im Laufe der Zeit kann das Kind diese Aufgabe übernehmen. Es lernt, für seinen Körper zu sorgen, und übt seine Fingerfertigkeit. Es ist gar nicht einfach, Creme so zu verteilen, dass sie überall hinkommt und nicht mehr zu sehen ist. Bei Hautproblemen streicheln Sie Ihr Kind besonders oft, auch gerade an den entsprechenden Stellen. Es tut der Haut und vor allem der Seele gut, wie Sie an Ihrem Kind feststellen werden. Untersuchungen haben dies bestätigt.

Der ist beglückt, der sein darf, wie er ist.

Sich im Spiegel betrachten

Kinder haben sehr viel Freude daran, sich im Spiegel zu betrachten. Bringen Sie einen Spiegel so an, dass Ihr Kind sich z. B. beim Eincremen sehen kann. Bis ca. 1½ Jahre suchen die Kinder im Spiegel einen Spielpartner, verstehen die Reaktionen nicht und sind manchmal verunsichert. Danach erkennen sie sich. Sie fassen sich selber an die Nase, um die restliche Creme zu verteilen, und greifen nicht mehr nach dem Spiegelbild.

Loane versucht, hinter den Spiegel zu greifen.

Jetzt wird ihr Körper besonders interessant. Sie untersuchen Ohren- und Nasenöffnungen, auch die Geschlechtsteile, und sie entwickeln ein erstes Bewusstsein dafür, dass sie Junge oder Mädchen sind. Bei älteren Kindern sollten Sie sich Zeit nehmen, um ihre Fragen zum Körper zu beantworten. Weitergehende Informationen sollten immer dann gegeben werden, wenn die Kinder das Gesagte verarbeitet haben und weitere Fragen stellen.

Die Kinder interessieren sich nun auch für alle Ausscheidungen wie Spucke, Nasenschleim, Ohrenschmalz, Tränen, Haare, Nägel, Kot und Urin. Darf Ihr Kind seinen Körper und alles, was dazugehört, untersuchen? Ihre Reaktionen sind ausschlaggebend dafür, ob das Kind ein eher distanziertes Verhältnis zu seinem Körper haben wird oder ihn akzeptiert und liebt.

Nase putzen

Im zweiten Lebensjahr fangen die Kinder an, alles selber tun zu wollen. Wenn Ihr Kind einen Schnupfen hat, geben Sie ihm auch ein Taschentuch zum Abputzen. Kinder wachsen daran, wenn sie spüren: Mama und Papa trauen mir etwas zu.

An- und Ausziehen

Mit einem Jahr lässt sich Ihr Kind noch gern von Ihnen an- und ausziehen. Bald will es aber mehr daran beteiligt werden. Zuerst lernen die Kinder, einzelne Teile auszuziehen. Die Strümpfe ziehen sie schon am Ende des ersten Lebensjahres mit Begeisterung aus.

Wir helfen den Kindern nicht, wenn wir für sie tun, was sie selber tun können.

Mit Schuhen, Jacke und Hose fangen die Kinder im zweiten Lebensjahr an. Ende des zweiten Lebensjahres können manche sich auch schon teilweise anziehen. Kinder fordern das meist selber mit Worten wie »Will alleine«. Begleiten Sie Ihr Kind beim selbstständigen Tun, freuen Sie sich mit ihm, wenn etwas gelingt, und machen Sie Mut, weiterzuprobieren, wenn etwas danebengeht. Das Kind spürt, dass Sie ihm vertrauen, und »wenn ich Hilfe brauche, sind die Eltern da«.

Früh können Sie dem Kind sagen, was es Ihnen reichen soll. Es ist immer wieder erstaunlich, wie viel Kinder in diesem Alter schon verstehen. Etwas Ältere wissen bereits, wann was angezogen wird, und reichen die einzelnen Teile. So lernen sie, die richtige Reihenfolge zu beachten. Noch später wird Ihr Kind immer mehr Kleidungsstücke selber anziehen.

Ältere Kinder möchten mitbestimmen, was sie anziehen. Lassen Sie aber nur die Wahl zwischen zwei Sachen, mehr wären eine Überforderung. Das Wichtigste ist, dass die Kleidung zum Wetter draußen passt. Sie ersparen sich manchen Kampf, wenn das Kind bei der Wahl mitbestimmen darf.

Achten Sie beim Kauf von Pullovern, T-Shirts und Schlafanzügen darauf, dass sie einen genügend großen Halsausschnitt haben und auch sonst leicht handhabbar sind. Kleidung aus zweiter Hand ist verträglicher, da alle Gifte, die bei der Produktion entstehen, schon ausgewaschen sind. Da Kinder sehr schnell wachsen, ist die Kleidung in der Regel nicht verschlissen – und Ihrem Geldbeutel tut die Secondhandware auch gut.

Beim Kleidungskauf achten Sie bitte mehr auf Bequemlichkeit als auf Schönheit.

Wählen Sie weiche, natürliche, atmungsaktive und vielleicht elastische Stoffe, in denen sich Ihr Kind fast so wohl fühlt, als wäre es nackt. Nutzen Sie Gelegenheiten und lassen Sie Ihr Kind nackt spielen und umhertollen; es bewegt sich dann viel freier und selbstverständlicher.

Auch bei Hosen achten Sie darauf, dass der Stoff vorgewaschen, dünn oder weich ist und dass sie einen Gummizug haben.

Manchmal können sich die Kinder in Jeans gar nicht richtig hinhocken. Orthopäden empfehlen:

> - bei allen Hosen aus festen Stoffen darauf zu achten, dass die Bewegungen im Schritt und in den Hüften ungehindert sind;
> - möglichst noch keine Hosen mit Gürtel zu tragen, da Kinder noch nicht die markanten Beckenvorsprünge haben, an denen sich der Gürtel halten kann;
> - darauf zu achten, dass der Gummizug in der Hose breit und nicht zu eng ist;
> - Träger an Latzhosen nicht zu kurz zu wählen, damit sie die Streckung der Wirbelsäule nicht behindern.

Zähne putzen

Wenn das Kind frühzeitig erlebt, dass Eltern und Geschwister häufig ihre Zähne säubern, wird es sie nachahmen, obwohl das Einjährige selbst noch nicht viele Zähne hat. Sie sollten mit dem täglichen Zähneputzen beginnen, wenn Ihr Kind die ersten beiden Zähne hat. So wird das Zähneputzen frühzeitig ein fester Bestandteil des täglichen Lebens am Morgen und Abend. Zahnpasta sollte in diesem Alter sparsam oder gar nicht benutzt werden, da die Kinder sie meist sofort aufessen. Vermeiden Sie süße Zahnpasta.

Loane lernt, ihre Zähne zu putzen.

Sorgen Sie ansonsten für eine nicht zu hygienische Umwelt. Die Kinder, die so aufwachsen, bekommen meist jeden Infekt. Genauso ist es auch, wenn Sie Ihr Kind vor anderen negativen Erfahrungen schützen wollen. Es wird besonders schmerzliche machen.

Die Kunst eines erfüllten Lebens ist die Kunst des Lassens. (Ernst Ferstl)

Baden und Duschen

Die meisten Kinder im zweiten Lebensjahr mögen gern baden bzw. im Wasser spielen. Badezusätze brauchen sie nicht. Benutzen Sie lieber eine neutrale Seife. Oft genügt auch eine Dusche. Beim Baden dürfen Sie Ihr Kind nie allein lassen.

Falls Ihr Kind ein wenig Scheu vor dem nassen Element hat, freut es sich über ein gemeinsames Bad und Wasserspiele mit Ihnen. Viele Kinder haben Spaß daran, Vater oder Mutter nass zu spritzen und von ihnen bespritzt zu werden. Bekommt Ihr Kind Angst, hören Sie sofort auf, damit es keine Abneigung gegen Wasser entwickelt.

Planschen, Spritzen

Lassen Sie schon Ihrem kleinen Kind Zeit in der Badewanne. Setzen Sie es auf eine rutschfeste Gummimatte, damit es Halt hat. Prüfen Sie vorher mit ihm zusammen die Temperatur und lassen Sie es langsam ins Wasser gleiten.

Manche Kinder brauchen Zeit, um sich mit dem Wasser vertraut zu machen. Andere setzen am liebsten das Badezimmer unter Wasser, sodass sie gebremst werden müssen. Wenn Sie selber gern schwimmen, nutzen Sie auch öffentliche Bäder, um Ihr Kind ans Wasser zu gewöhnen oder stellen Sie ihm im Sommer ein kleines Planschbecken für erfrischende Wasserspiele ins Freie.

ANREGUNGEN FÜR DEN ALLTAG MIT IHREM KIND

Spielen mit Schaum
Als besondere Attraktion gibt es ab und zu ein schönes Schaumbad. Kinder spielen gern mit dem Schaum in der Badewanne. Die einzelnen Blasen werden zerdrückt, der Schaum wird in eine Ecke der Wanne gepustet, zu einem Berg aufgetürmt oder in Behälter gefüllt. Und die Hände oder Füße sind plötzlich unsichtbar, weil sie im Schaum verschwinden. Fällt der Schaum allmählich in sich zusammen, kann man durch intensive Bewegungen mit den Händen neuen Schaum schlagen.

Gegenstände wegblasen
Kleine oder leichte Gegenstände, die auf dem Wasser schwimmen, können über die gesamte Oberfläche des Wassers von einer Ecke in die andere gepustet werden. Gern auch mit einem Trinkhalm, der zudem noch Wellen macht, wenn man fest hindurchpustet. Taucht ein Ende ins Wasser, können die Kinder mit ihrer Atemluft Blubberblasen produzieren.

Kreativität ist der positive Umgang mit Spannungen.
(J. Scharfenberg)

Mona pustet mit dem Strohhalm den Ball durchs Wasser.

Gegenstände untertauchen

Die Kinder probieren im Wasser viele physikalische Gesetze aus. Eine leere Dose schwimmt oben, mit Wasser gefüllt geht sie unter. Ein Stück Holz schwimmt auf dem Wasser. Ein Stein versinkt schnell in der Tiefe. Lässt man den Stein und das Stück Holz am Boden der Badewanne los, bleibt der Stein unten, während das Holz schnell zur Oberfläche zurückkehrt.

Beobachten Sie Ihr Kind beim Spielen. Es entdeckt sicher noch manch andere »Wunder«, die uns gar nicht mehr bewusst sind.

Behälter füllen und ausschütten

Kinder lassen gern Wasser in Becher und andere Behälter laufen. Sie erfreuen sich an den aufsteigenden Blasen. Besonderen Spaß macht es, das Wasser wieder in die Badewanne auszuschütten – z. B. aus einer Gießkanne, Flasche, Schüssel …

Lernen ist entdecken und entdecken ist lernen.

Etwas ältere Kinder versuchen, Wasser umzuschütten. Dabei bekommen sie ein Gefühl dafür, wie groß der Bogen sein muss, damit der Strahl aus einer Kanne genau im Becher ankommt.

Geräusche erzeugen und unter Wasser hören

Kinder und Eltern haben besondere Freude dabei, wenn sie den Mund ins Wasser halten und mit ihm Geräusche erzeugen, indem sie Silben oder Vokale sprechen oder unter Wasser prusten. Und wenn man die Ohren unter Wasser hält, hören sich alle Geräusche innerhalb und außerhalb des Wassers anders an als sonst.

Fantasie ist wichtiger als Wissen, denn Wissen ist begrenzt. (Albert Einstein)

Den Körper abtrocknen

Oft wollen die Kinder gar nicht mehr aus dem Wasser. Machen Sie aus dem Ende des Wasserspaßes ein neues Spiel: Das (im Winter vielleicht auf der Heizung vorgewärmte) Badetuch kommt anstolziert (Sie formen mit Armen und Händen eine Figur), umhüllt den kleinen Körper und wandert immer zu dem Körperteil, den Sie gerade abtrocknen. Das Kind wird auf die Körperteile zeigen und sie mit zunehmendem Alter selber benennen und auch abtrocknen.

In Handtuch oder Decke schaukeln
Als Höhepunkt und Abschluss des Badefestes werden die Kinder in einem Badetuch oder einer Decke geschaukelt.

Schlafen

Mittagsschlaf
Kinder brauchen unterschiedlich viel Schlaf. Die einen Kinder hören schon früh mit dem Mittagsschlaf auf, andere brauchen ihn auch noch als Schulkinder.

Wenn sie ein wenig älter sind, werden manche Kinder mit einigen Minuten Kuschelkontakt zu Ihnen oder einem älteren Geschwister zufrieden sein. Es gibt Zeiten, in denen die Kinder gern zärtlich sind und Nähe genießen. Zu anderen Zeiten wollen sie weniger innige Zuwendung. Mit zunehmendem Alter will das Kind seltener schmusen. Es hat eine sichere Basis. Die Liebe der Eltern lässt das Kind offen für die Welt werden, und einer späteren Partnerschaft tut früh erfahrene Zärtlichkeit gut.

Abends schlafen gehen
Für viele Kinder ist ein möglichst regelmäßiger Tagesablauf wichtig, damit sie nachts gut schlafen. Bevor Sie Ihr Kind ins Bett bringen, waschen Sie es, lassen Sie es seine Zähne putzen, lesen ihm etwas vor, singen oder spielen ein ruhiges Spiel mit ihm, damit es zur Ruhe kommt. Untersuchungen bestätigen,

dass Singen die Sprachfähigkeit und das Sozialverhalten kleiner Kinder positiv beeinflusst. Neurobiologische Studien lassen vermuten, dass Singen Aggressionshormone abbaut und gleichzeitig verstärkt zur Bildung von Glückshormonen führt.

Geschichten erfinden

Erzählen Sie Ihrem Kind abends Geschichten, die es ruhig werden lassen. Wenn Ihr Kind etwas älter ist und Sie ein wenig Fantasie haben, fragen Sie es, welche Personen und Sachen in der Geschichte vorkommen sollen. Sie erfinden die dazugehörige Handlung. Die Begriffe, die das Kind nennt, haben oft mit den Dingen zu tun, die es am Tag erlebt hat. Auch gibt es viele schöne Entspannungs- und Einschlafgeschichten, auf die Sie zurückgreifen können.

Erlebnisse vom Tag besprechen

Kinder können ihre Erlebnisse besonders gut verarbeiten, wenn die Tagesereignisse abends noch einmal mit ihnen besprochen werden. Erzählen Sie dem kleinen Kind, was Sie am Tag zusammen erlebt haben. Das Kind wird am Anfang mit einzelnen Gesten, dann mit einzelnen Worten, noch später mit Zweiwortsätzen und schließlich mit vollständigen Sätzen Ihre Erzählungen aus seiner Sicht vervollständigen. Dabei wird uns manches Erlebnis vollkommen neu erscheinen.

Kinder sind die wirklichen Lehrmeister der Menschen.
(Peter Rosegger)

Abendliche Rituale

Rituale vor dem Schlafengehen wirken stabilisierend auf den Schlafrhythmus. Das Kind kann alle seine Tiere und Puppen ins Bett bringen, die vielleicht am Fußende des Kinderbettes schlafen.

Wenn ein Kind oft seine Puppen und Tiere streichelt, kann dies ein Zeichen sein, dass es auch selbst mehr gestreichelt werden will. Kinder in diesem Alter fühlen sich zwar einerseits selbstständig und wollen alles selber machen, aber andererseits sind Kuscheln und häufiger Körperkontakt noch sehr wichtig. Die meisten kleinen Kinder genießen es, mit den Eltern zu schmusen, besonders abends.

Unterstützen beim Einschlafen
Wenn Ihr Kind nicht ins Bett will, überlegen Sie, woran es liegen kann. Kinder brauchen unterschiedlich viel Schlaf. Das Kind soll auf jeden Fall müde sein, wenn es zu Bett gebracht wird. Ein müdes Kind erkennt man u. a. an roten Augen, Gähnen, Augenreiben, Nuckeln, Unaufmerksamkeit, Stressreaktionen und Trotz.

Schicken Sie Ihr Kind nicht zur Strafe ins Bett. Es wird sich danach nicht mehr auf sein Bett freuen, weil es diese Situation mit der Bestrafung in Verbindung bringt.
> Ein Nachtlicht erleichtert dem Kind das Einschlafen, da der Raum nicht ganz dunkel ist und es sich noch orientieren kann.
> Wenn die Tür ein wenig geöffnet bleibt, fühlen sich viele Kinder wohler.
> Kinder können meist ruhiger einschlafen, wenn sie durch gewohnte Geräusche wissen, dass Sie in der Nähe sind.
> Wenn Ihr Kind trotz aller Bemühungen Angst hat, allein im dunklen Zimmer zu bleiben, setzen Sie sich ans Bett und warten, bis Ihr Kind ruhig geworden ist und Sie gehen lässt.

Ob ein Kind bei seinen Eltern im Bett schlafen sollte, hängt von Ihrer Einstellung und Ihren Erfahrungen ab. Auf jeden Fall sollte es dort einschlafen, wo es auch wieder aufwachen wird. Kranke Kinder dürfen bei uns schlafen und werden sich anschließend wieder ans eigene Bett gewöhnen.

Schmusetier oder Schmusetuch machen es leichter, einzuschlafen und nachts allein zu sein.

Tageserlebnisse nachts verarbeiten

Am Anfang des zweiten Lebensjahrs wachen selbst Kinder manchmal auf, die vorher immer geschlafen haben. Sie haben Angst vor Dunkelheit. Diese entsteht, wenn die Kinder laufen lernen. Sie wirkt wie ein Band, das die Kinder abends in der Nähe vertrauter Personen hält.

Wenn bei Kleinkindern die innere Sicherheit bedroht ist, entwickeln sie Trennungsängste. Sie begreifen die Bedeutung von Trennung, weil sie sich selbst abgrenzen können, und verstehen so, dass andere sich auch von ihnen entfernen können.

Sie träumen jetzt intensiver. Nachts denken sie vielleicht an etwas, das sie am Tag erlebt und noch nicht verarbeitet haben. Fragen Sie die Kinder, an was sie denken, und besprechen Sie es mit ihnen.

Älteren Kindern reicht es manchmal, wenn Sie abends etwas zu trinken ans Bett stellen oder sie ihre Spieluhr anmachen können oder ein Schnuller in Reichweite liegt, um nachts wieder einzuschlafen. Fragen Sie Ihr älteres Kind, was es ihm nachts erleichtern würde, in seinem Bett zu bleiben, anstatt zu Ihnen zu kommen.

Essen

Heute treffen sich viele Familien höchstens noch einmal am Tag, beim Abendessen – und wenn die Kinder größer geworden sind, oft nicht einmal dann. Vielleicht gelingt es Ihnen ja, zumindest eine Mahlzeit am Tag zu einer gemeinsamen Begegnung werden zu lassen. Wenn alle zusammen das Essen vorbereiten, lernt das Kind schon eine Menge zum Thema »Teamarbeit«. Beim Essen ergeben sich ganz nebenbei Möglichkeiten für intensive Gespräche und Kontakte. Vorher waschen sich alle die Hände. Die Kinder ahmen die Eltern nach und gewöhnen sich dadurch früh an diese wichtige Handlung.

Bei den gemeinsamen Mahlzeiten mit Erwachsenen erleben Kinder vielfältige soziale Normen und Gesprächsformen. So lernen sie immer differenzierter die Sprache und fast wie von selbst auch Tischsitten. In einigen Kindertagesstätten werden alle Kinder, auch schon diejenigen, die gerade erst laufen können, in die folgenden Arbeiten mit einbezogen.

Gemeinsam den Tisch decken

Ein Kind, das schon sicher laufen kann, wird Ihnen gern beim Tischdecken helfen. Es nimmt einen größeren Raumausschnitt wahr als im Krabbelalter. Jetzt betrachtet es die Gegenstände aus verschiedenen Blickwinkeln:

> Sitzt das Kind auf dem Boden, sieht es den Tisch von unten;
> steht das Kind an der Seite des Tisches, schaut es auf die Tischkante,
> und irgendwann wird es dann über die Kante hinaus schauen können;
> steigt das Kind auf einen Stuhl, kann es auf den Tisch sehen.

Das Kennenlernen und Verarbeiten dieses motorischen Perspektivenwechsels sind eine Voraussetzung, um eigene Erfahrungen von der Erlebniswelt einer anderen Person abzugrenzen.

Am Anfang lassen Sie das Kind Dinge wie Löffel und Brotkorb zum Tisch tragen, bei denen es nicht weiter tragisch ist, wenn sie herunterfallen. Im Laufe der Zeit wird es auch alle anderen Gegenstände zu Tisch bringen können.

Kinder legen erst einmal Bestecke und Teller an den Rand des Tisches. In einem zweiten Arbeitsgang, wenn das Kind ein wenig älter ist, wird es auf einen Stuhl steigen und jedem einen Teller hinstellen und das Besteck hinlegen. Korrigieren Sie nicht ständig seine Arbeit. Bis der Tisch »ordentlich« (nach unseren erwachsenen Vorstellungen) gedeckt wird, dauert es noch einige Jahre.

Wenn das Kind ungefähr 1½ Jahre alt ist, stapelt es gerne Dosen und Gläser. Es hilft jetzt auch gern beim Auspacken, z. B. des eingewickelten Käses.

Decken Sie den Tisch mit Sets, die das Kind nicht von unten herunterreißen kann. Auch Lackfolien eignen sich gut als Tischdecken: Sie sind abwaschbar, können genau nach Tischgröße geschnitten werden und lassen sich nicht so leicht herunterziehen.

Viele Kinder freuen sich, wenn sie schon wie die Großen am Tisch sitzen dürfen. Wenn Ihr Kind am Tisch sitzt, achten Sie darauf, dass es nicht die Kanne mit heißen Getränken erreichen kann. Erklären Sie ihm trotzdem, dass die Kanne heiß ist und es sich an ihr verbrennen kann.

Tisch abräumen

Nach dem Essen räumen Sie gemeinsam den Tisch ab. Kinder bemühen sich, vorsichtig mit dem Geschirr umzugehen. Es kann – genauso wie bei uns – einmal etwas herunterfallen und zerbrechen. Meist sind die Kinder selbst traurig. Schimpfen Sie nicht.

Mit zunehmendem Alter kann das Kind diese Arbeit vollständig übernehmen, während Sie schon etwas anderes erledigen.

Spülmaschine ein- und ausräumen

Wenn Sie eine Spülmaschine haben, wird Ihr Kind mit einem Jahr gern das Besteck aus der Maschine holen. Nehmen Sie scharfe Messer heraus, bevor Ihr Kind mit dem Ausräumen beginnt.

Vielleicht bewahren Sie das Besteck in einer der unteren Schubladen auf, sodass Ihr Kind es selbstständig einräumen kann. Oder Sie stellen einen Hocker zum Einräumen hin.

Wenn Ihr Kind ein wenig älter ist, hilft es vielleicht manchmal dabei, die Spülmaschine mit schmutzigem Geschirr zu füllen. Es lernt dabei, dass Gläser und Tassen umgekehrt hingestellt werden. Wenn Ihr Kind zu unkonzentriert ist, überlassen Sie ihm nur das Besteck und andere unzerbrechliche Gegenstände und üben Sie nach und nach den vorsichtigen Umgang mit dem Geschirr. Oft liegt es aber nur an der Angst der Eltern, dass die Kinder sich bei diesen Tätigkeiten verletzen könnten. Erwiesenermaßen hantieren kleine Kinder recht vorsichtig mit Geschirr oder Besteck. Wenn Sie Ihrem Kind also vertrauen und es probieren lassen, wird es später sehr viel sicherer sein.

Achtung: Spülmaschinenreiniger ist lebensgefährlich und darf auf keinen Fall in die Hände von Kindern gelangen!

Geschirr säubern

Kinder freuen sich, wenn sie am Waschbecken mit Wasser spielen dürfen. Später wollen sie das Geschirr im Waschbecken abwaschen. Die meisten Eltern lassen das Kind zuerst abtrocknen. Irgendwann wird es sich damit nicht mehr zufriedengeben, da es sieht, dass Sie mit dem Wasser »spielen«, und es will auch abwaschen. Wechseln Sie sich mit dem Kind beim Abwaschen und Abtrocknen ab.

Vielleicht haben Sie Bedenken, dass Ihr Kind sich nass macht und Sie es hinterher ganz umziehen müssen und auch der Boden nass wird. Da hat eine Mutter eine gute Möglichkeit gefunden:

»Ich bekam Besuch von einer Freundin mit ihrem Sohn. Linus stand auf einem Stuhl und spülte. Ellen sagte, dass sie das nicht zulasse, da doch alles unter Wasser stehe, wenn die Kinder spülen. Sie sah, dass ich einige Handtücher unter den Stuhl gelegt hatte. Die trocknen ja schnell wieder.« Um die Kleidung zu schützen, können wir Löcher für Kopf und Arme in eine große Plastiktüte schneiden. So bleiben die Kinder trocken.

Die Ordnung im Herzen meines Kindes ist mir wichtiger als die Ordnung in meiner Wohnung.
(Astrid Lindgren)

Gemeinsam essen

Kinder wollen selbstständig essen, wenn ihr geistiger und motorischer Entwicklungsstand es zulässt. Dies ist am Anfang nur möglich, wenn sie auch kleckern dürfen. Haben Sie keinen abwaschbaren Boden unter dem Tisch, legen Sie Zeitungen aus.

Zuerst isst Ihr Kind am liebsten mit beiden Händen. Mit der Zeit wird es den Löffel bevorzugen. Mit einem Jahr kann das Kind normalerweise nicht zu stark gewürzte Familienkost zusammen mit den Erwachsenen am Tisch essen. Es sollte so hoch sitzen, dass es von oben auf den Teller greifen und den Tisch überschauen kann. Wichtig ist auch, dass es auf einem (Kinder-)Stuhl sitzt, bei dem es die Füße abstützen kann.

Die Kinder beobachten, wie die Eltern trinken und essen, wie sie Löffel, Gabel und Messer halten, und wollen es ihnen nachmachen. Das Kind am Tisch wählt spontan das, was die Eltern in den Mund stecken. Studien bestätigen, dass Kleinkinder neue Nahrungsmittel doppelt so oft probieren, wenn ein freundlicher Erwachsener oder ein Geschwisterkind zuerst davon nimmt.

Mit den Händen essen

Experimente zeigen, dass Nahrung eher akzeptiert wird, wenn Kinder Dinge mit den Händen nehmen und ablutschen dürfen. Geben Sie ihm Dinge zu essen, die es gut mit den Händen und Fingern greifen kann, wie z. B. eine Pellkartoffel, Brotstücke oder gekochtes (abgekühltes) Gemüse wie Brokkoliröschen.

Mit dem Löffel essen

Vergegenwärtigen Sie sich einmal, wie viele komplizierte Schritte das Kind lernen muss, um selbstständig mit dem Löffel zu essen:

> - Es hat den Wunsch und fasst den Entschluss, mit dem Löffel zu essen.
> - Es schaut den Löffel an und schätzt die Entfernung zwischen Hand und Löffel ab.
> - Es macht eine entsprechende Armbewegung und greift nach dem Löffel. Dabei muss es den Löffel mit Daumen und Zeigefinger fassen, um ihn vom Tisch hochzuheben.

- Nun muss es den Löffel so halten, dass er eine waagerechte Lage einnimmt.
- Das Kind muss den Löffel mit der Öffnung nach oben drehen, da sonst nichts darauf transportiert werden kann.
- Der Löffel wird in die Speise getaucht.
- Besteht das Essen aus einzelnen Stücken, z. B. Erbsen, oder ist nur der Boden des Tellers mit Essen bedeckt, muss das Kind den Löffel so drehen, dass es ihn füllen und sofort wieder in die waagerechte Lage bringen kann.
- Nun muss es den Löffel gezielt zum Mund und auch hineinführen, ohne dass die Nahrung verschüttet wird.
- Es muss den Mund im richtigen Moment öffnen, um den Löffel hineinzustecken.
- Nun muss es den Mund schließen, damit das Essen nicht wieder herausfällt.
- Schließlich zieht es den Löffel wieder aus dem Mund und legt ihn auf den Teller.

Jule übt immer wieder, den Löffel richtig zu halten.

Das Kind hat nach vielen kleinen Schritten endlich das Handlungsziel erreicht.

Es wird noch eine Weile üben, bis es das Essen allein beherrscht. Je öfter es allein essen darf, desto schneller wird es das Zusammenspiel von Muskeln und Sinnen verfeinern.

Selbst essen

Für Einjährige ist das Essen mehr als nur Nahrungsaufnahme. Die selbstständige Handlung schafft eine Beziehung zur Sache – also zur Nahrung. Mit der Zunge prüft das Kind die Beschaffenheit. Auch will es mit Händen, Fingern und Mund ausprobieren, wie das Essen sich anfühlt und wie viel Kraft man braucht, um es zu zerkleinern und zu zermatschen. Lassen Sie Ihr Kind probieren, was es vom Familientisch essen möchte. Es will oft alles haben und das auf einmal. Geben Sie ihm von neuen Speisen zunächst kleine Portionen zum Probieren.

Kinder essen bestimmte Nahrungsmittel nicht deshalb, weil sie ihnen schmecken, sondern sie schmecken ihnen, weil sie sie immer wieder essen.

Experimente zeigen, dass kleine Kinder neue Nahrungsmittel oft erst ablehnen bzw. »mit Vorsicht genießen«, sie aber annehmen, wenn sie ihnen an aufeinanderfolgenden Tagen noch ungefähr zehn weitere Male angeboten werden. Kinder brauchen eben nicht jeden Tag eine andere Speise, sondern freuen sich, wenn sie das Gleiche mehrmals bekommen. Wenn die Nahrungsauswahl durch soziales Lernen abgesichert ist, öffnet sich der Geschmackshorizont wieder.

Schlechte Esser

Wenn Ihr Kind ein schlechter Esser ist, hilft kein genervtes Gesicht, nur positive Emotionen sind Lernverstärker.

Jetzt, wo die Kinder sich frei bewegen können, wollen sie keine neuen Nahrungsmittel ausprobieren. Viele Kinder meiden

Grünes, da es auf Unreife hindeutet, oder Nahrungsmittel, die bitter schmecken.

Wie Sie es mit dem Essen handhaben, hängt sicher viel von eigenen Erfahrungen ab. Versuchen Sie, sich an Ihre Kindheit zu erinnern, und überlegen Sie: Waren das gute Erfahrungen, die ich auch meinem Kind vermitteln will, oder soll es andere Erfahrung machen? Wichtig ist, dass Sie konsequent immer gleich handeln, sodass Ihr Kind weiß, dass es entweder etwas anderes bekommt, wenn es das Essen nicht mag, oder dann hungrig vom Tisch aufsteht.

Ein Trost: Wählerische Kinder sind genauso gesund wie andere, aber sie sind seltener übergewichtig.

Essen probieren

Zeigen Sie dem Kind beim Essen verschiedene Alternativen auf. Lassen Sie es aber nicht zwischen zu vielen Dingen wählen, weil es damit überfordert sein könnte. Es lernt: Das eine essen können heißt vielleicht auch, etwas anderes nicht zu bekommen.

Kinder bevorzugen oft süße Nahrung, die gut sättigt und gut schmeckt. Von Natur aus sorgt der Mensch dafür, dass er immer ein wenig mehr isst, als er braucht. Früher wusste man nicht, wann es wieder neue Nahrung gibt. Deshalb wurde vorgesorgt.

Hungrige Kinder probieren mehr neue Nahrungsmittel als halb satte.

Falls Ihr Kind zu Allergien oder Verdauungsproblemen neigt, geben Sie ihm eine Woche lang nur ein neues Nahrungsmittel, um zu sehen, ob bspw. Kohl bläht, Obst wund macht oder die Haut reagiert.

Unser Beispiel wirkt auf die Kinder mehr als unsere Worte. Wenn wir beim Essen mäkelig sind, werden es unsere Kinder meist auch. Die Bedeutung, die das Essen für die Erwachsenen hat, prägt die Kinder genauso wie Vorlieben und Abneigungen für bestimmte Nahrungsmittel. Lassen Sie sich und Ihrem Kind Zeit fürs Essen. Essen Sie mit dem Kind in Ruhe am Tisch. Wenn Sie Ihr Essen hastig vor dem Fernseher zu sich nehmen, wird Ihr Kind Sie auch dabei nachahmen.

Gemeinsam frühstücken

Richten Sie Ihre Zeit so ein, dass Sie morgens gemeinsam mit Ihrem Kind frühstücken können.

Einige Kinder essen Müsli, andere wollen z. B. klein geschnittene Brotstücke. Besonders interessant finden es die Kinder, wenn sie die Brotstücke mit einer Gabel aufspießen dürfen.

Dafür brauchen sie nicht unbedingt Kinderbesteck. Sie lernen schnell, mit normalem Besteck umzugehen. Die Gabel sollte allerdings möglichst klein sein und stumpfe Zinken haben. Geben Sie Ihrem Kind nicht zu oft Brei zu essen, sonst wird es bequem und will auch später nicht kauen. Wenn Sie Ihr Kind immer noch füttern, gewöhnt es sich daran und wird diese »Annehmlichkeit« noch lange Zeit fordern und nicht selbstständig essen wollen.

Das Kind ahmt Sie auch bei anderen Gewohnheiten nach. Wenn Sie die Zeitung lesen, will es sicherlich auch die Zeitung oder ein Bilderbuch haben, und wenn Sie mit einem Löffel Ihren Kaffee umrühren, will es auch in seinem Becher rühren. Diese Bewegung des Rührens wird ihm übrigens dabei helfen, seine Hände zu lockern, um später leichter malen und schreiben zu können.

Ihr Kind freut sich, wenn Sie sich mit ihm beim Frühstück unterhalten. Obwohl die meisten Kinder in diesem Alter noch wenig reden, verstehen sie schon fast alles, was wir sagen.

Mit beiden Händen Besteck zu benutzen, erfordert viel Fingerfertigkeit.

Gemeinsam mittagessen

Wir alle wünschen uns, dass Essen in einer angenehmen Atmosphäre eingenommen wird. Essen ist etwas Lustvolles, ein sozialer Akt, bei dem Kommunikation eine wichtige Rolle spielt. Beziehen Sie also die Kinder in Ihre Gespräche mit ein. Und verschieben Sie mögliche Konfliktgespräche, z. B. über die Rechenarbeit mit dem älteren Geschwister, auf die Zeit nach dem Essen.

Wenn Sie einen schlechten Esser zu Hause am Tisch sitzen haben, vermeiden Sie Machtkämpfe, und lassen Sie sich nicht verunsichern. Das Kind hat genau wie Sie das Recht, zu entscheiden, ob und wie viel es essen will. Respektieren Sie seinen Willen.

Kinder in diesem Alter essen weniger, da sie ihre Vorräte aus der Babyzeit aufbrauchen und nicht mehr so schnell wachsen. Auch gibt es bessere und schlechtere Essensverwerter. Kleine Kinder essen bis ungefähr 3 Jahre so viel, wie sie brauchen. Danach verhalten sie sich oft wie wir Erwachsenen. Sie essen auf, was auf dem Teller ist.

Am Anfang helfen Sie Ihrem Kind, indem Sie vielleicht noch den Löffel in seiner Hand führen. Füllen Sie wenig Essen auf den Teller. Ein nett angerichteter Teller erhöht die Esslust, besonders wenn Sie dem Kind die Kartoffeln in gut fassbare Stücke teilen und z. B. kleine Blumenkohlröschen auf den Teller legen.

Setzen Sie weder Essensentzug als Strafe noch Leckereien als Belohnung ein. Dies wird nämlich entscheidend die spätere Einstellung zum Essen beeinflussen.

Die meisten Kinder können kaum länger als 15 Minuten am Tisch sitzen. Ich denke, sie sollten dann aufstehen dürfen. Die Versuchung, Unfug am Tisch zu machen, ist nicht so groß. Zu Hause, in den bekannten Räumen, kennt sich das Kind aus und kann sich von seinen Eltern für einige Zeit lösen und selbst beschäftigen. Oft bleibt für die Eltern eine ruhige Viertelstunde für ein Gespräch miteinander oder mit dem älteren Kind.

Kinder sind in jedem Alter mit dem ausgestattet, was sie zur weiteren Entwicklung benötigen.

Abendbrot

Abends sind viele Kinder schon zu müde, um sich viel Mühe mit dem Essen zu machen. Geben Sie Ihrem Kind etwas, das es essen kann, ohne sich stark konzentrieren zu müssen.

Schnuller/Nuckeln

Wenn Ihr Kind das erste Lebensjahr vollendet hat, ist es kein Säugling mehr, der etwas zum Saugen braucht. Der Schnuller wird jetzt zu einer Gewohnheit. Früher gab es einige wenige Schnullerformen – ansonsten sahen sie eher unscheinbar aus. Inzwischen hat die Industrie den Schnuller zu einem »Schmuckstück fürs Kind« hochgejubelt, das es in verschiedenen Farben,

Größen und Formen mit Aufschriften und mit aktuellen Comicfiguren gibt. Das gute Stück muss möglichst noch mit einer Schnullerkette an der Kleidung befestigt sein.

Anscheinend gehört der Schnuller schon so selbstverständlich zum Erscheinungsbild ihres Kindes, dass manche Eltern ganz gedankenlos dem Kleinen den Schnuller in den Mund stecken, obwohl es gar nicht danach verlangt hat.

Gerade im zweiten Lebensjahr, wenn das Kind anfängt zu sprechen, ist es wichtig, dass es nicht ständig den Schnuller im Mund hat, da dadurch seine Worte schlechter zu verstehen sind. Auch können Sie auf ein Kind ohne Schnuller adäquater eingehen, da Sie seine Mimik besser deuten können.

Meist hilft es schon, wenn das Kind den Tröster nicht ständig sieht. Es ist durchs Spiel abgelenkt und verlangt erst bei Frustration oder Müdigkeit danach.

Vielleicht vereinbaren Sie einen Ort, wo der Schnuller aufbewahrt wird. Das Kind braucht nämlich seine Zeit, um sich von seinem Tröster zu lösen. Lassen Sie ihm diese Zeit. Neuere Untersuchungen haben übrigens gezeigt, dass Kinder, die viel und lange den Schnuller gebrauchen, häufiger an Ohrenerkrankungen und Bronchitis leiden als andere, da die Atmung nicht so frei erfolgen kann. Karies kann auf das Kind übertragen werden, wenn Erwachsene den Schnuller ablutschen. Auch sprechen Kinder, die oft einen Schnuller im Mund haben, später und undeutlicher.

Daumenlutscher haben ihren Tröster immer bei sich. Einerseits ist dies ein Vorteil, da es bei Bedarf nuckeln kann. Andererseits kann der Daumen nicht wie der Schnuller irgendwann verschwinden. Kieferverformungen kommen bei beiden Arten des

Nuckelns vor. Wenn Ihr Kind aus der Tasse trinken kann, sollte langsam seine Nuckelflasche aus dem Verkehr gezogen werden.

Selbstständig trinken

Lassen Sie Ihr Kind aus einer Tasse oder einem Glas trinken. Die meisten Kinder können dies mit einem Jahr recht gut, wenn man sie lässt.

»Meine beiden Kinder haben schon recht früh mit dem Strohhalm getrunken. Das ist im Sommer draußen von besonderem Nutzen, da so keine Wespen oder Bienen im Glas gefährlich werden können.«

Etwas zu trinken holen

Kinder im zweiten Lebensjahr werden immer selbstständiger und überlegen sich, wie sie an das kommen, was sie haben wollen. Vielleicht räumen Sie jetzt sein Geschirr nach unten, damit es ohne Probleme drankommt.

Gemeinsam macht es mehr Spaß.

Flaschen mit Alkohol, Reinigungsmittel und Medikamente bewahren Sie natürlich unerreichbar für Ihre Sprösslinge auf.

Nachahmen

Wenn wir uns die Entwicklung des selbstständigen Essens noch einmal vor Augen führen: Mit einem Jahr macht das Kind uns direkt nach, indem es selber essen will. Danach möchte es andere Personen füttern. Später hat es eine innere Vorstellung vom Füttern und gibt sie weiter. Es füttert seinen Teddybären. Wenn das Kind noch etwas älter ist, überträgt es die Situation des Essens aufs Spiel. So beginnt es erste Rollenspiele. Die Kinder lernen nun auch Vergangenheit, Gegenwart und Zukunft auseinanderzuhalten. Sie imitieren uns jetzt nicht mehr sofort, sondern zeitversetzt.

Spielen gehört zur Entwicklung von Kindern. Sie finden auch »spielend« ihren Platz in der Gesellschaft.

In einem weiteren Schritt wird das Kind Ende des zweiten Lebensjahres dem Teddy den Löffel hinlegen und ihn selber essen lassen. Jetzt beginnt es auch, noch allgemeinere Handlungsabläufe darzustellen, z. B. eine ganze Familiensituation; Puppen und Teddys werden dann um den Tisch gruppiert. Wenn das Kind über zwei Jahre alt ist, beginnt es mit dem Symbolspiel. So ist z. B. ein Schuhkarton ein Esstisch für den Teddy.

Essen gehen

Für manche Familien kann es auch eine Entlastung sein, ab und zu essen zu gehen. Aber das ist teuer und für Eltern mit temperamentvollen Kindern eher eine Belastung. Nervenstarke Erwachsene, die auch ein umgefallenes Glas oder Ähnliches nicht aus der Ruhe bringt, sind dann gefragt.

Wenn Sie mit Ihrem Kind ausgehen, wählen Sie ein kinderfreundliches Lokal, in dem es nicht allzu lange dauert, bis die Speisen kommen. Auch hier können viele kleine Kinder nicht über einen längeren Zeitraum ruhig auf ihrem Stuhl sitzen. Sie langweilen sich, werden laut und provozieren uns oder andere, um Aufmerksamkeit und Zuwendung zu erhalten. Nehmen Sie etwas zum Spielen oder Malen mit, beziehen Sie das Kind ins Geschehen ein.

Hausarbeit

Zusammengehörigkeit erlebt das Kind durch gemeinsames Tun, und es hat das Gefühl, gemeinsam mit seinem Erwachsenen etwas geschafft zu haben. Werden ihm stattdessen »kindgerechte« Spielsachen angeboten, kann es das Gefühl bekommen, von den interessanten Abläufen der Familiengemeinschaft ausgeschlossen zu werden. Versuchen Sie deshalb, Ihr Kind – sowohl Mädchen als auch Jungen! – an Ihrem Leben und den vielfältigen Tätigkeiten im Haus oder in der Einrichtung zu beteiligen, wo es möglich ist. Sie helfen ihm damit, zu einer ganzheitlichen, kompetenten Persönlichkeit zu reifen.

Nichts kann ein Kind mehr stärken als das Vertrauen, das man ihm entgegenbringt. (Paul Claudel)

Kleine Kinder wachsen meist unter der Regie von Frauen auf und ordnen dadurch häusliche Tätigkeiten als weibliche Aufgaben ein. Stattdessen sollten Sie Hausarbeit als Ansatzpunkt zur Förderung sozialer Kompetenzen ganz selbstverständlich schon in die Erziehung Ihres kleinen Kindes miteinbeziehen.

Es ist sicher nicht immer einfach, die Kinder an der Hausarbeit zu beteiligen. So werden viele Arbeiten besonders am Anfang zusammen mit dem Kind länger dauern und oft Putzarbeiten nach sich ziehen.

Versuchen Sie immer mal wieder, einzelne Aufgaben mit Ihrem Kind zusammen zu erledigen oder Ihrem Kind zu übertragen.

Sie wissen ja: Kinder orientieren sich an den Eltern. Sie wollen mit den Dingen, die wir benutzen, spielen und ihnen auf den Grund gehen, denn nur so lernen sie, wie etwas funktioniert. Mit jedem Ausprobieren lernen sie Neues und werden klüger.

Wenn die Kinder ihre Teeflasche aus Kunststoff fallen lassen, geht sie nicht kaputt. Lassen sie aber ein Glas fallen, zerspringt es in Scherben, obwohl das Material ähnlich aussieht wie das der Teeflasche. Erklären Sie den Unterschied, damit nicht immer wieder ein neuer »Vergleichstest« gemacht wird.

Für Eltern ist es beruhigend, das Kind beim Tun zu beobachten, um bei Gefahr eingreifen zu können. Es ist zwar anstrengend, so ein wissensdurstiges Kind um sich zu haben, aber es bietet uns auch eine Möglichkeit, die Welt aus einem uns nicht mehr vertrauten Blickwinkel zu betrachten.

Suchen Sie sich doch einmal einige der folgenden Möglichkeiten aus. Ihr Kind wird sich freuen, diese mit Ihnen gemeinsam zu bewältigen. Mit der Zeit wird es Ihnen leichter fallen, Ihr Kind immer mehr und häufiger in Ihre häuslichen Tätigkeiten mit einzubeziehen. Sicher haben Sie selbst noch viele weitere Ideen.

Staubsaugen

Staubsauger scheinen auf die meisten Kinder eine große Faszination auszuüben. Die Kleineren nutzen das Gerät zunächst als Barriere, über die sie gern hinüberklettern. Danach sitzen sie vielleicht als Reiter darauf und lassen sich durch die Wohnung ziehen, oder sie schieben den Staubsauger hinter dem Erwachsenen her. Mit zunehmender Sicherheit ihrer Bewegungen verändert sich auch das Spiel. In ihrer Fantasie lassen sie ihn vielleicht zu einem Auto oder Hund werden, mit dem sie spielen.

Wenn Sie Ihr eigenes Tun und die Handlungen des Kindes kommentieren, kann es seine Umwelt besser begreifen und verstehen.

Die Kinder wollen oft, auch wenn wir bereits fertig gesaugt haben, weiter mit dem Staubsauger spielen. Wenn Sie es ertragen können, lassen Sie es zu! Nervt das Spiel Sie zu sehr und sind Sie sich sicher, dass Sie es nicht mehr aushalten wollen, dann räumen Sie den Staubsauger möglichst mit dem Kind zusammen weg. Wenn Ihr Kind jetzt wütend wird, geben Sie nicht nach, sonst lernt es: »Ich muss nur lange genug knatschen, dann bekomme ich, was ich möchte.« Machen Sie sich möglichst vor Beginn des »Staubsaugerspiels« klar, ob Sie konsequent sein wollen und können.

Wenn Ihr Kind schon sicher läuft und mit dem Staubsauger umgehen kann, lassen Sie es einen Teil der Wohnung sauber machen, ohne noch einmal nachzuarbeiten, auch wenn Sie das Werk nicht für vollkommen halten. Viele schon ein wenig ältere Kinder bekommen in solchen Momenten verständlicherweise einen Wutanfall, denn ihre Arbeit wird ja als unnütz und wertlos angesehen. Ist Ihnen der Boden nicht sauber genug und haben Sie das Gefühl, Ihr Kind könne es besser, sagen Sie ihm etwa: Ich finde es schön, dass du diese Arbeit gemacht hast, vielleicht kannst du aber in der Ecke vom Wohnzimmer und unter dem Tisch noch ein wenig gründlicher saugen. Loben Sie Ihr Kind, sagen Sie aber auch, wenn Sie ihm noch mehr zutrauen.

Kann es die Arbeit noch nicht besser erledigen, dann lassen Sie es in Räumen saugen, in die kein Besuch kommt, und wechseln Sie sich einfach ab, sodass die Räume jedes zweite Mal wieder ganz sauber sind.

Viele Eltern glauben, dass die Kinder einfach nur die Eltern nachmachen wollen, ohne einen Bezug zu der Arbeit zu haben. Beobachten Sie Ihr Kind doch einfach mal! Sie werden feststellen, dass es seine »Arbeit« sehr ernst nimmt, konzentriert dabei ist, sie als seine Aufgabe sieht und auch will, dass wir das ernst nehmen.

Konsequent sein

Es tut allen in der Familie gut, wenn die Eltern liebevoll konsequent ihre Kinder erziehen. Mit zunehmendem Alter wird es für Kinder wichtig, kleine Entscheidungen selbst zu treffen. Wer sein Kind fragt, ermöglicht ihm eine Entscheidung und muss lernen, mit einem »Nein« des Kindes zu leben. Ansonsten sagen Sie z. B. klar: »Zieh dich bitte an.«
Wenn Sie Ihrem Kind Wahlmöglichkeiten aufzeigen, muss es auch ernsthaft wählen dürfen zwischen zwei Möglichkeiten – und Sie müssen diese Wahl akzeptieren können. Wenn Ihr Kind lieber auf Süßigkeiten verzichten will, als die Zähne zu putzen, halte ich das für eine gute Wahl, da Süßigkeiten nicht nur für die Zähne schlecht sind. Das Kind muss allerdings auch die Folgen dieser Entscheidung tragen, dass es keine Süßigkeiten gibt.
Wenn Ihr Kind sich nicht anziehen lassen oder selbst anziehen will, kommt es auf Ihre Möglichkeiten an. Entweder es bleibt zu Hause, wenn das möglich ist, oder Sie sagen, dass Sie es im Schlafanzug mitnehmen, wenn Sie aus dem Haus müssen. Das Kind wird sich vielleicht dann fürs Anziehen entscheiden, ansonsten wird es im Schlafanzug mitgenommen. Kinder lernen am meisten aus den Folgen ihres Tuns. Sie als Eltern müssen selbst diese Folgen auch ertragen können und nicht wütend auf Ihr Kind sein.
Wenn Strafen oder Belohnungen angeboten werden, gehen wir davon aus, dass das Kind keine eigene Motivation hat, sein Verhalten zu ändern, sondern nur Strafen oder Belohnen das gewünschte Verhalten ermöglichen. Wenn Eltern häufig so reagieren, vermindern sie die innere Motivation des Kindes, und es wird weiter zu Kämpfen kommen.

ANREGUNGEN FÜR DEN ALLTAG MIT IHREM KIND

Staub wischen

Geben Sie Ihrem Kind einen Lappen, den es gut in einer Hand halten kann. Wischen Sie oben auf den Schränken Staub, und überlassen Sie dem Kind die Möbel, die es erreichen kann. Es guckt Ihnen ab, wie Staub gewischt wird. Mit der Zeit wird es sicher kreis- und längsförmig wischen und immer mehr Stellen sauber bekommen. Die Beherrschung dieser Bewegungen bringt eine lockere Hand – eine gute Vorbereitung fürs Schreibenlernen.

Es gibt Zeiten, in denen Ihr Kind nur spielen will. Auch dann lernt es, z. B., dass ein sehr nasser Lappen schwer ist. Durch Ihre Nähe kann es zufrieden spielen.

Fegen, Putzen

Beim Kehren der Wohnung kann Ihr Kind vielleicht mit dem Handfeger in einer Ecke arbeiten, in die Sie nicht so gut kommen, oder es fegt die Krümel zusammen.

Malte wringt den Lappen aus, dann legt er ihn ganz ordentlich hin, bevor er den Stuhl wischt.

Mit zunehmendem Alter können Sie Ihr Kind mehr fordern und in die Arbeit einbeziehen. Beim Putzen wird Ihr Zweijähriges sicher am liebsten mit dem Wasser spielen wollen. Geben Sie ihm einen eigenen Lappen, damit Sie nicht ständig gestört werden.

Bad säubern
Im Bad kann es mit einem Lappen die Fliesen abputzen, oder es bringt die schmutzigen Handtücher in den Wäschekorb.

Sicher wird das Kind in gutem Glauben etwas nachmachen und überhaupt nicht verstehen, dass wir von dem Arbeitsergebnis alles andere als begeistert sind. So werfen viele Kinder Klopapier in die Toilette und können nicht einsehen, dass wir das nicht wollen. Schließlich werfen die Erwachsenen doch auch Papier in die Toilette. Erklären Sie ihm den Unterschied.

Bettwäsche wechseln
Am leichtesten lernt das Kind, die Kissenbezüge abzuziehen. Im Laufe der Zeit wird es die Decken aus den Bezügen holen können.

Wäsche in die Maschine räumen und aufhängen
Lassen Sie Ihr Kind die Wäsche aus dem Wäschekorb holen. Im leeren Wäschekorb spielen die meisten Kinder mit Begeisterung.

Kleinere Kinder können uns die Wäscheklammern anreichen. Vorsicht: Bei Klammern mit Drahtbügel besteht die Gefahr, dass sie sich beim Spielen einen Finger einklemmen oder sogar die Zunge. Später geben sie uns auch die einzelnen Teile zum Aufhängen. Nach und nach machen wir ein kleines Spiel daraus: »Als Nächstes gibst du mir die T-Shirts.« Sie werden sich wundern, wie genau das Kind schon die einzelnen Wäschestücke

Kinder, die lernen, ihren Alltag, wenn möglich, selbst zu meistern, finden sich im Leben gut zurecht und packen es sicherer und mutiger an.

kennt. Soll die Sache noch schwieriger werden, fragen wir zum Beispiel nach Papas Socken. Das Kind weiß meistens schon genau, welches Kleidungsstück wem gehört. Wenn die Sachen trocken sind, reichen Sie dem Kind die getrockneten Wäscheteile, und es legt sie in den Korb.

Schön ist es, wenn Sie die Möglichkeit haben, dem Kind eine eigene, tief hängende Leine zu spannen, auf der es selbst die Wäsche aufhängen kann. Auch ein wenig verkrumpelte Wäsche wird irgendwann trocken.

Wäsche sortieren
Das Kind kann z. B. die Unterwäsche der Mutter auf einen Haufen legen und die eigene auf einen anderen. Seine Konzentration ist besonders gefragt, wenn es die Socken zu Paaren ordnet. Vertrauen Sie seinen Fähigkeiten.

Gemeinsam bügeln

Das Kind schaut uns gern zu oder gibt uns Kleidungsstücke. Zeigen Sie ihm, dass das Bügeleisen bei Gebrauch heiß und gefährlich ist. Achtung: Nie Kind und Bügeleisen allein lassen! Es bügelt selbst und benutzt dazu einen Bauklotz; ganz stolz ist es auf ein eigenes altes Bügeleisen.

Wenn die Kinder älter sind, bietet das Bügeln oft Zeit für intensive gemeinsame Gespräche.

Fenster putzen

Fensterputzen ist besonders attraktiv, weil da auch eine Sprühflasche im Spiel ist – mit einer eigenen können die Kinder das Glas (ohne Reinigungsmittel) einsprühen. Lassen Sie es aber nur im Erdgeschoss helfen. Geben Sie ihm auch ein Tuch, mit dem es wischen kann. Die kreisförmigen Bewegungen lockern die Hände.

Schuhe putzen

Kinder im zweiten Lebensjahr helfen gern beim Schuheputzen. Am Anfang lassen wir sie die Schuhe zuordnen, dann mit einer Bürste oder einem Lappen blank reiben. Ältere verteilen auch die Creme auf den Schuhen.

Küchenarbeit

Lassen Sie das Kind auf jeden Fall bei Ihnen in der Küche sein und dort spielen. Einjährige hängen uns bei der Arbeit oft im wahrsten Sinne des Wortes an den Beinen. Sie haben gerade gelernt, sich aufzurichten und tun dies am liebsten an uns.

Welche Freiheiten Sie Ihrem Kind in der Küche einräumen, hängt von Ihrer Einstellung und Ihren Nerven ab: »Wenn ich

68

ANREGUNGEN FÜR DEN ALLTAG MIT IHREM KIND

Das Kind sieht ein Flugzeug, seine Mutter benennt es.

Eysan in der Küche machen lasse, spielt sie lange Zeit intensiv mit allen möglichen Sachen. Danach ist es zwar unordentlich, aber das stört mich nicht so, als wenn ich ein nörgelndes Kind um mich hätte. Das Aufräumen danach macht mir nichts aus.«

Andere Eltern meinen, es solle von Anfang an klar sein, dass nur bestimmte Sachen zum Spielen da sind. Das Kind wird dies akzeptieren, wenn

> nicht zu viel in der Küche verboten ist;
> immer dasselbe verboten ist;
> Sie das Kind in Ihre Tätigkeiten möglichst oft mit einbeziehen.

Wird die Küche aber zu einem ständigen Kampfplatz, sollten Sie überlegen, ob das Kind nicht vielleicht doch mehr Angebote zum Spielen braucht.

Die ersten Jahre will das Kind einfach oft in der Nähe der Erwachsenen sein. Wenn wir dies zulassen, wird es irgendwann von selbst in ein anderes Zimmer gehen, um allein zu spielen. Je

Das Kind weiß: Meine Eltern sind da, wenn ich sie brauche, deshalb brauche ich sie seltener.

mehr wir aber versuchen, das Kind von uns fernzuhalten, desto mehr wird es an unserem »Rockzipfel« hängen und uns beobachten. Es hat Angst, allein gelassen zu werden. Ihr Kind fühlt sich in Ihrer Nähe sicher.

Schneebesen
… sind ein beliebtes Spielzeug. Man kann sie drehen und wenden, auf einen Topf damit schlagen, ein Band dranbinden und sie durch die ganze Wohnung ziehen … Ältere Kinder wollen auch schon mit dem Schneebesen rühren.

Einjährige Kinder deuten gern auf alle möglichen Dinge. Der Blick geht vom Gegenstand zum Erwachsenen und zurück. Über das Deuten gelangt das Kind zu der Frage, die die Welt erschließt: »Was ist das?«
Zeigen bedeutet:
> etwas wahrgenommen haben,
> etwas erreichen oder ergreifen wollen,
> eine Beziehung zwischen sich selbst und der Außenwelt herstellen,
> etwas mit sich in Verbindung bringen.

Kinder wollen Dinge, auf die sie deuten, nicht unbedingt haben, sondern uns zu verstehen geben, dass sie sie gesehen haben. Es reicht manchmal, zu sagen: »Ja, da ist der Topf.« Wenn sie mehr wollen, werden sie es uns ebenfalls zeigen.
Oft wird das Zeigen noch mit dem Wort »da« begleitet – ein erster Vorstoß in die verbale Umwelt mit dem Ziel,
> sich zu einem Objekt zu äußern,
> die Aufmerksamkeit der anderen darauf zu lenken,
> zu zeigen, dass man es gesehen hat.

Jule konzentriert sich auf ihr Tun.

Flaschen aus- und einräumen

Da heute die meisten Flaschen aus Plastik sind, kann sie Ihr Kind ausräumen und wieder in den Kasten einräumen. Wenn es vorsichtig damit umgeht, kann es beim Entsorgen von Glasflaschen und Gläsern helfen. Der Krach, wenn eine Glasflasche im Container zerbricht, bringt besonders viel Spaß.

Kinder sind keine Fässer, die gefüllt, sondern Feuer, die entfacht werden wollen.

Spielen mit Gefäßen

Für kleine Kinder sind Dosen, Plastikschüsseln und andere Behälter ein wichtiges Spielzeug. Sie kochen, rühren und schütten damit. Und sie füllen und leeren die einzelnen Gefäße mit den unterschiedlichsten Dingen:

Kiefernzapfen, Kirsch- und Aprikosenkerne oder Kieselsteine. Diese haben den Vorteil, dass sie – im Gegensatz z. B. zu Kastanien – nicht schrumpfen. Haben Sie Angst, Ihr Kind würde sie hinunterschlucken? Dann warten Sie noch ein wenig – obwohl selbst Kinder, die noch viel mit dem Mund »begreifen«, normalerweise nichts verschlucken. Das machen sie eher dann, wenn man sich selbst erschrickt und hektisch auf sie zustürzt, um ihnen den Gegenstand aus dem Mund zu holen.

Ihr Kind braucht eine anregende Entwicklungsumgebung. Die physikalischen Eigenschaften von Gegenständen, Material, Gewicht und Standfestigkeit etwa, lernt das Kind nur durch Ausprobieren kennen. Denken Sie immer daran, dass diese Selbsterfahrung wichtig ist. Im Spiel findet das Kind heraus, wie es mit Gegenständen angemessen umgeht. Als Eltern können wir die Kinder dabei unterstützen, indem wir ihnen viele Gegenstände zum Ausprobieren geben.
Auch wenn wir das Spiel der Kinder manchmal nicht verstehen, sollten wir es unterstützen und nicht als sinnlos bezeichnen. Wenn es z. B. Dinge auf den Boden wirft, will es vielleicht erforschen, was passiert. Manche Gegenstände zerbrechen und andere nicht. Wir können dem Kind erklären: Das ist aus Glas und geht kaputt. Das ist aus Plastik und geht nicht kaputt. Manche Kinder akzeptieren das, andere wollen diese Aussage erst überprüfen.
Kinder, die zwischen einem und zwei Jahren alt sind, beschäftigen sich mit einer Sache ungefähr 15 Minuten, bevor sie etwas Neues wollen oder wir ihnen eine Variante der begonnenen Tätigkeit anbieten sollten.

In Zeiten, in denen Kinder gern schütten, kann man ihnen auch Kürbiskerne geben. (Wenn Sie einen Kürbis zubereiten, lösen Sie mit Ihrem Kind zusammen die Kerne aus der Masse. Trocknen Sie sie auf Küchenpapier. Dann lassen sich die Reste des Fruchtfleisches gut lösen. Die Kinder rühren mit dem Schneebesen die Kerne gern um und füllen sie vielleicht mit Löffeln von einem Behälter in einen anderen. Sie konzentrieren sich sehr, um dabei immer weniger auf den Boden fallen zu lassen. Nicht nur zum Spielen können die Kerne genutzt werden, sondern Sie können auch neue Kürbisse züchten.

Mit ca. ein bis 1½ Jahren stapeln die Kinder gern Dosen wie Bauklötze aufeinander. Danach fangen sie an, Dinge aneinanderzufügen.

Spielen mit Töpfen

Töpfe und Deckel sind etwas Wunderbares. Mit knapp einem Jahr füllen die Kinder die Töpfe mit Löffeln und leeren sie wieder. Es bedeutet weniger Stress, die Töpfe anschließend wegzuräumen, als das Spielen zu verbieten.

Kinder machen Krach, indem sie mit den Löffeln auf den Topf oder den Deckel trommeln. Sie prüfen, welcher Deckel zu welchem Topf gehört. Sie lernen die Koordination von Augen und Händen, wie sie durch langsamere und behutsamere Bewegungen leiser klopfen können, und sie probieren eigene Rhythmen aus. Bei vielen Kindern steigert sich das Selbstbewusstsein, wenn sie, so laut sie können, Krach machen dürfen. Ab und zu kann man dies vielleicht für kurze Zeit dulden und aushalten.

Für Ihr Kind ist es wichtig, dass Sie echte Anteilnahme an seinem Tun zeigen, es also »wert«-schätzen:

> Freude an seinem Tun zeigen,
> kein Ergebnis erwarten,
> seine Neugierde unterstützen,

- sich an Ihre eigene Kindheit erinnern,
- selbst in die Welt des Kindes eintauchen,
- seine Äußerungen ernst nehmen.

Wenn Gegenstände auf den Fußboden gefallen sind, lassen Sie das Kind sie selbst wieder aufheben.

Die Kinder probieren aus, ob sie das Gleichgewicht halten können oder umfallen, wenn sie z. B. auf einen Löffel treten. So üben sie ihren Gleichgewichtssinn und lernen daraus, einzuschätzen, was sie sich zutrauen können und was zu schwierig ist.

Wenn die Eltern dagegen eingreifen und »Stolpersteine« aus dem Weg räumen, lernt das Kind, dass es von seinen Eltern abhängig ist, und wird sich immer weniger selber zutrauen.

Durch Ausprobieren, Wiederholen und unsere Begleitung lernen Kinder am sinnvollsten.

Türen öffnen und schließen

Die Zimmertüren in der Wohnung sind für die Kinder schon interessant, bevor sie laufen können. Sie schieben sie hin und her. Auch wenn wir noch so oft auf die Gefahren hinweisen, machen viele Kinder schmerzliche Erfahrungen mit gequetschten Fingerchen.

Schlüssel üben eine große Faszination aus. Zuerst holen die Kinder sie aus den Schlüssellöchern. Wenn sie ein wenig älter sind, stecken sie die Schlüssel (hoffentlich) wieder zurück. Noch ältere Kinder versuchen, mit dem Schlüssel die Türen auf- und zuzuschließen. Während dieser Phase sollten Sie die Schlüssel abziehen, um zu verhindern, dass Ihr Kind sich (oder sogar die gesamte Familie) aus- oder einsperrt.

Leon steckt den Schlüssel ins Türschloss.

Mit ca. 15 Monaten verstehen die Kinder schon viele Zusammenhänge und wollen uns dies mitteilen. Sie nehmen einen Schlüssel und halten ihn an das Türschloss. Sie ziehen uns vielleicht am Rockzipfel, damit wir auf ihre Handlung aufmerksam werden. Sie zeigen auf den Schlüssel und auf die Tür. Vielleicht blicken sie dann noch zu ihrer Jacke und sagen energisch: »Da.« Sie lesen jetzt in unserem Gesicht, ob wir verstehen, was sie uns mitteilen wollen. Wenn wir antworten, dass wir noch nicht sofort, aber später zusammen nach draußen gehen, fühlen sie sich verstanden und sind meist zufrieden.

Es gibt immer mehrere Wege der Entdeckung. Es gilt, den für sich richtigen zu finden.

Schubladen

Das Kind probiert oft schon am Ende des ersten Lebensjahres aus, wie Schubladen und Schränke geöffnet werden. In vielen Haushalten werden nun die Schränke mit Sperren gesichert. Für das Kind heißt das: Ich brauche nicht aufzupassen.

Ich denke, dass es besser ist, die Kinder in solchen Situationen mit den Gefahren bekannt zu machen. So lernen sie gleich, damit umzugehen. Kinder entwickeln sich ja Schritt für Schritt; so gibt es auch immer nur eine begrenzte Anzahl an Gefahren, die sie beherrschen lernen müssen. Sie werden durch Anschauung, aber eher noch durch eigene Erfahrungen lernen, und wir Erwachsenen können und sollen sie ihnen auch nur im begrenzten Rahmen ersparen.

Zeigen Sie Ihrem Kind, dass man sich an einer Schublade klemmen kann, wenn man nicht aufpasst. Und dass Schubladen nur zum Teil herausgeschoben werden dürfen, damit sie nicht herausfallen.

So halte ich auch Eckenschützer, Tür- und Schranksperren sowie Schubladenschlösser für unangebracht, da das Kind dann nicht die »natürlichen« Grenzen einer Schublade kennenlernt und glaubt, es könne nichts passieren; dadurch passieren viele Unfälle. Sprechen Sie klare Ge- und Verbote aus, wenn Sie etwas erreichen wollen. Bei einem temperamentvollen Kind ist es vielleicht sinnvoll, solche Sicherheitsvorkehrungen in einem Raum, eventuell dem Kinderzimmer, anzubringen, damit Sie es einmal für kurze Zeit aus den Augen lassen können.

Überlegen Sie sich, welche Schubladen Ihr Kind aus- und einräumen kann. Es ist weniger Stress, die Töpfe hinterher wegzuräumen, als ständig mit dem Kind zu hadern, weil es wieder versucht, verbotene Sachen auszuräumen.

Mit Besteck spielen

Wenn Kinder einen Löffel in den Mund nehmen, lernen sie die Handhabung, die ihnen später hilft, selbstständig zu essen. Mit zunehmendem Alter halten die Kinder die großen und die kleinen Löffel auseinander und lernen, sie getrennt in die Besteckschublade zu legen. Kinder, die fast zwei Jahre alt sind, ordnen gern Dinge. Nicht die Ordnung als solche ist wichtig, sondern die Gabeln werden zu anderen Gabeln gelegt und die Löffel zu den Löffeln.

Will uns das Kind helfen, ist es wichtig, dass es Schränke und Tische erreichen kann. Kaufen Sie einen stabilen Hocker, mit dem es nicht umfallen kann. Auf dem Hocker kann das Kind zudem einen Überblick bekommen und seinen Horizont erweitern. Wenn das Kind verständiger und selbstständiger wird, sollten Sie die Schränke so umräumen, dass es die Sachen erreicht, ohne erst auf einen Stuhl steigen zu müssen.

Teig rühren
»Wenn ich Pfannkuchen mache, lasse ich meinen einjährigen Sohn Marco die Apfelstücke in den Teig werfen. Er ist mit großer Konzentration bei der Arbeit.«

Sie können Ihrem Kind zum Spielen auch ein wenig Mehl mit Wasser in eine Plastikschüssel geben. Es wird sich bestimmt eine Weile damit beschäftigen, daraus einen Brei herzustellen.

Ältere Kinder holen die Schüssel und andere Zutaten herbei. Später können sie helfen, mit einem Löffel den Zucker und das Mehl in die Schüssel zu tun und die Milch dazuzuschütten. Und beim Teigrühren oder beim Einrühren von Puddingpulver wird die Beweglichkeit der Hände geübt.

Jedes Kind schleckt gern die Teigschüssel mit den Fingern aus. Ältere Kinder nehmen dafür gern einen Löffel. Dabei lernen sie auch, den Löffel differenziert zu benutzen. Noch ergiebiger für ein Schleckermaul ist natürlich ein Teigschaber; dabei muss zusätzlich gelernt werden, die Rundung kräftig genug an den Schüsselrand zu drücken.

Teig kneten

Beim Kuchen-, Plätzchen-, Brot- oder Pizzabacken kann sich ein etwas älteres Kind beteiligen. Machen Sie ein wenig mehr Teig, mit dem es spielen kann. Gekaufte Knete ist oft hart und muss erst angewärmt werden, damit sie sich bearbeiten lässt. Der Teig hat dagegen meist eine weiche, gut zu bearbeitende Form.

Von Brot- und Pizzateig probieren die meisten Kinder nur wenig; sie bearbeiten ihn lieber mit den Händen. Wenn Ihr Kind aber doch dazu neigt, den Teig zu essen, und Sie befürchten, dass es Bauchweh bekommt, fügen Sie dem Teig für Ihr Kind Salz hinzu.

Dreijährige können schon den Teig rollen und Förmchen ausstechen.

Beim Plätzchenbacken in der Weihnachtszeit wird Ihr Kind zuerst einfach Stücke Teig aufs Blech legen. Später lernt es, den Teig auszurollen und mit Backförmchen Figuren auszustechen.

Müll entsorgen

Der Mülleimer fasziniert die meisten Kinder. Viele versuchen, trotz Verbots immer wieder mit dem Müll zu spielen – sie wollen natürlich auch hier überprüfen, ob Verbote wirklich »verboten« sind. Wenn Sie möchten, dass Ihr Kind das Verbot akzeptiert, bleiben Sie konsequent. Bringen Sie es aus der Küche, wenn es nicht gehorcht.

Paul ist von seinem Spiegelbild im Mülleimerdeckel fasziniert.

Sprache
Uns ist meist nicht bewusst, dass auch Einjährige schon viel verstehen. Sprechen Sie also auch in diesem Alter viel mit den Kindern.Wenn sie anfangen zu sprechen, sind sie fasziniert, was sie mit Sprache alles mitteilen können, auch wenn das zunächst langsamer geht, als sich mit Mimik und Gestik mitzuteilen. Eltern und Kinder wiederholen am Anfang gegenseitig ihre Worte. Das Kind benennt vertraute Personen und Gegenstände. Jetzt lernt es Bezeichnungen von Handlungen und räumlichen Beziehungen kennen. Beim Spielen imitiert es Tonfall und Rhythmus der Eltern oft noch ohne verständliche Worte.
Erste Worte sprechen Kinder zwischen zwölf und 24 Monaten- die Spanne ist sehr groß. Die meisten Kinder sprechen mit zwei Jahren bis zu 50 Wörter und erste Zweiwortsätze wie: »Mama hamham.« Gut ist es, wenn Sie dem Kind zeigen, dass sie es verstehen. Sie sollten aber nicht extra »kindlich« , sondern ganz normal reden. Die Kinder kennen mit zwei Jahren die Bedeutung von ca. 250 bis 300 Wörtern. Ihrem Kind fällt das Sprechen leichter, wenn Sie selbst viel erzählen, erklären und fragen.
Beginnt ein Kind zu sprechen, macht es meist schnell Fortschritte, es nennt seinen Vornamen, versteht Ge- und Verbote. Die Antworten auf erste Fragen prägt es sich gut ein und verwendet bald die Wörter. Im dritten Lebensjahr werden Sätze richtig zusammengesetzt, und es fängt an, sich selbst »ich« zu nennen und erzählt viel. Hören Sie ihrem Kind gut zu, lassen Sie es aussprechen, ermutigen Sie es, Fragen zu stellen. Schauen Sie gemeinsam Bilderbücher an, erzählen Sie, was zu sehen ist, fragen Sie es nach den Dingen.
Mit drei Jahren verstehen auch andere das Kind, es hat jetzt einen passiven Wortschatz von über 800 Wörtern, speichert erste Erinnerungen ab und entwickelt auch ein Verständnis für Zeit. Das alles signalisiert, dass aus dem Kleinkind ein Kind wird.

Am Tisch mitarbeiten

Auch beim Vorbereiten des Mittagessens können wir die Kinder einbeziehen. Sie steigen auf einen Stuhl und knien sich hin, weil sie dann die richtige Höhe haben, um am Tisch oder auf der Arbeitsplatte etwas zu tun. Auch mit einem dicken Kissen haben sie die richtige Arbeitshöhe. Manche Kinder sitzen auch gern in ihrem Hochstuhl.

Beobachten Sie Ihr Kind einmal, wie zielgerichtet es sich auf einen Stuhl zubewegt. Sie können schon im Gesicht und in den Augen lesen, was es will, bevor es z. B. auf den Stuhl klettert. Bewerten Sie die Gefahr nicht zu hoch. Kinder schätzen in der Regel gut ein, was sie können und was nicht. Wenn sie merken, dass sie sich überschätzt haben, machen sie sich meist mit einem hilfesuchenden Blick oder Rufen bemerkbar.

Ich möchte Sie noch einmal an ein wichtiges Prinzip erinnern: Helfen Sie dem Kind nicht zu früh, sonst kann es seine eigenen Grenzen nicht kennen- und akzeptieren lernen. Sie haben sicher schon selbst in verschiedenen Situationen erfahren, dass Ihr Kind mehr kann, als Sie ihm zugetraut haben.

Salat und Gemüse putzen

Ein einjähriges Kind kann schon einzelne Blätter in kleine Stücke reißen und in eine Plastikschüssel geben. Mit zunehmendem Alter wird es die Blätter mit einem stumpfen Messer oder einem Kindermesser auf einem Brett schneiden. Und später wird es ihm schon gelingen, die einzelnen gewaschenen Blätter in mundgerechte Stücke zu reißen, wie sie in Ihrer Familie üblich sind, oder es trennt die einzelnen Salatblätter vom Strunk. Irgendwann wird es Ihnen auch beim Waschen helfen und vielleicht den Salat selber zubereiten.

Auch beim Blumenkohl kann das Kind helfen, indem es die kleinen Röschen löst. Kohlrabi kann es vielleicht schon von seinen Blättern befreien, Grünkohl von den Stielen, und beim Wirsing und Weißkohl löst es die großen Blätter. Ältere Kinder haben Freude daran, Erbsen aus der Schale zu pulen – eine ganz schön schwierige Arbeit – und sie dann gleich aufzuessen. Die meisten Gemüsesorten können Kinder roh essen. Sie enthalten viel mehr Vitamine als in gekochtem Zustand. Besonders beliebt und gesund sind die kleinen Röschen vom Brokkoli. Grüne Bohnen und Kartoffeln sollte man auf keinen Fall roh essen.

Clementinen und Obstsalat

Besonders gern mögen viele Kinder als Zwischenmahlzeit Clementinen (vorausgesetzt, sie reagieren nicht allergisch auf Zitrusfrüchte). Sie lernen, die Frucht zu schälen und in kleine Stücke zu teilen.

ANREGUNGEN FÜR DEN ALLTAG MIT IHREM KIND

Gut, dass Esther Juli beim ersten Kontakt mit dem Messer hilft.

Für einen Obstsalat schälen Sie selbst die Apfelsinen und lassen Ihr Kind die Bananen pellen und klein schneiden – je nach Jahreszeit kommen Trauben, Birnen, Äpfel … hinzu.

Schmecken, Riechen, Tasten

Kinder probieren gerne, was wir gerade zubereiten. Auch die Unterschiede zwischen süß, salzig und sauer kann das Kind einschätzen, wenn wir sie benennen. Lebensmittel, die das Kind bei den Mahlzeiten ablehnt, schmecken ihm manchmal eher in vertrauter Küchenzweisamkeit.

Machen Sie auf die verschiedenen Gerüche aufmerksam. Lassen Sie Ihr Kind am Kochtopf oder der Salatschüssel schnuppern. So nimmt es bewusster die Unterschiede wahr. Später kann es raten, was wohl gekocht wird.

Die Sinne nutzen weckt den Verstand.

In der Küche gibt es viele verschiedene Dinge zu ertasten. Wie unterschiedlich fühlen sich z. B. ein Wirsing- und ein Weißkohlblatt an. Und wenn es im Sommer einen Fruchtsaftdrink mit Eiswürfeln gibt, ist das wieder ein Anlass für staunenswerte neue Erfahrungen.

Hören, Sehen, Riechen, Schmecken, Fühlen – das ist Leben.

Miteinander kochen

Töpfe und Herdplatten können heiß sein. Auch das müssen die Kinder erst lernen. Meist genügt es, dass Sie das Kind eine ziemlich warme Platte anfassen lassen, um ihm ein Gespür für das warnende »Heiß!« zu geben. Bei einem Herd mit Ceranfeldern lernt das Kind: Wenn etwas rot ist, darf ich nicht an den Herd fassen. Stellen Sie trotzdem zur Sicherheit Töpfe mit heißem Inhalt immer auf die hinteren Herdplatten.

Benutzen Sie das Wort »heiß« nicht für andere Dinge, die das Kind nicht anfassen soll. Kinder überprüfen unsere Aussagen gern auf ihren Wahrheitsgehalt. Wenn sie merken, dass die Bodenvase gar nicht »heiß« ist, werden sie vielleicht auch den heißen Topf anfassen. Bei aller Vorsicht sollten Sie sich aber eines zum Prinzip machen: Lassen Sie Ihr Kind nicht allein in der Küche!

Jede Wahrnehmung, die im Gehirn verarbeitet wird, muss durch den Körper. (Gerald Hüther)

Nudeln

Sie schmecken nicht nur allen Kindern, sie sind auch ein herrliches Spielzeug. Auch ungekochte Nudeln werden natürlich mit dem Mund begutachtet; deshalb sollten Sie besser solche aus Hartweizengrieß nehmen, da sie kein Frischei enthalten.

Spaghetti können in kleine Stücke gebrochen und so gekocht werden, dann hat Ihr Kind auch nicht so viel Mühe beim Essen. Makkaroni eignen sich zunächst gut zum Greifen und dann auch zum Durchpusten und Trinken. Ältere Kinder können die

84

ANREGUNGEN FÜR DEN ALLTAG MIT IHREM KIND

Nudeln auf eine Perlonschnur auffädeln. Auch aus Tortellini und später aus »Rölli«-Nudeln können schöne Ketten hergestellt werden.

Loane hat Schnittlauch gepflückt. Wie schmeckt der denn?

Zwiebeln häuten

Kinder im zweiten Lebensjahr üben gern die Beweglichkeit von Zeigefinger und Daumen. Es ist feinmotorisch eine enorme Leistung, die hauchdünnen Schalen bei der Zwiebel zu entfernen.

Dosen gezielt füllen und leeren

Schachteln und Dosen zu füllen und zu leeren bereitet allen Kindern große Freude. Ihrem Einjährigen geben Sie eine Kaffeedose. Dort kann es Korken, Deckel, seine Bauklötze oder Löffel hineintun und sie anschließend wieder herausnehmen. Es wird sich immer wieder interessiert mit dieser dritten Dimension, der Tiefe eines Behälters, auseinandersetzen, indem es Gegenstände und auch die Hände hineinsteckt.

Für ein etwas älteres Kind schneiden Sie in den Plastikdeckel ein Loch. Es wird die Dinge durch das Loch stecken und dabei merken, dass ein Löffel nur hindurchpasst, wenn er in einer bestimmten Weise gehalten wird. Einige Zeit danach können Sie Formen in den Deckel schneiden, z. B. Löcher für die viereckigen Bauklötze oder auch Schlitze für alte Spielkarten: Was passt durch diese Öffnung?

Vergleichen

Geben Sie Ihrem Kind eine Schachtel mit Seife und eine ohne. Die Schachteln sehen gleich aus, sind aber unterschiedlich schwer. Wenn es die Schachteln geöffnet hat, wird es den Zusammenhang zwischen einer vollen schweren und einer leichten leeren Schachtel begreifen.

Kinderküche selbst basteln

Ein älteres Kind freut sich, wenn Sie mit ihm gemeinsam einen Herd und eine Spüle basteln. Hier ist seine Fantasie mehr gefordert als bei einer fertigen Puppenküche.

Bausteine aus Saftpackungen

Milch- oder Saftpackungen lassen sich stapeln oder ordentlich nebeneinanderstellen. Ältere Kinder bekommen für höhere Mauern »Ziegelsteine« (füllen Sie durch die Öffnung Sand mit einem Trichter ein, und kleben Sie die Tüte zu).

Aufräumen

Räumen Sie mit Ihrem Kind zusammen auf. So lernt es von Anfang an, dass man nach dem Arbeiten oder Spielen Ordnung schafft. Die meisten Kinder räumen zunächst am liebsten aus. Wenn sie ein wenig älter sind, räumen sie gern mit uns zusammen wieder auf. Sie legen die Gegenstände nach verschiedenen Kriterien wie Formen oder Farben zurecht. Und sie werden wü-

Kinder und Uhren dürfen nicht ständig aufgezogen werden, man muss sie auch gehen lassen.
(Jean Paul)

86
ANREGUNGEN FÜR DEN ALLTAG MIT IHREM KIND

Finja liebt das Haus aus Tetrapacks, das ihre Mutter mit ihr gebastelt hat.

tend oder traurig, wenn Sie das als Unordnung abtun. Den Kindern erscheint ihre eigene Ordnung als vollkommen logisch. Dulden Sie doch im Kinderzimmer diese »Ordnung«. Ein anderes Mal räumen Sie vielleicht gemeinsam auf und versuchen, dem Kind Ihre Prinzipien zu erklären. Oder Sie finden ein Verfahren, das Sie beide akzeptieren können.

Erwachsenen bei der Arbeit zusehen

Manche Kinder beobachten gern, was wir Erwachsenen machen. Schneiden Sie z. B. Wurst, freuen sich die Kinder, wenn sie ein Stück bekommen und schneiden dies vielleicht selbst in viele kleine Stücke. Sie können uns stundenlang bei der Arbeit zusehen, wobei sie viele Zusammenhänge lernen. Mit zwei Jahren erzählen manche Kinder abends dem Vater genau, was tagsüber passiert ist.

Die sicherste Methode, es seinen Kindern schwer zu machen, besteht darin, es ihnen zu leicht zu machen.

Träumen
Manche Kinder träumen gern vor sich hin oder wollen einfach mal nichts tun oder aus dem Fenster schauen. Überlegen Sie einmal: Können wir es überhaupt noch aushalten, wenn die Kinder mal nichts tun wollen? Und wie sieht es mit uns selbst aus: Können wir noch einfach dasitzen, ohne etwas zu tun, ohne Musik zu hören und ohne an das zu denken, was wir als Nächstes tun wollen?
Manche Eltern neigen dazu, ihre Kinder mit Anregungen zu überhäufen. Auch viele Spielsachen hindern Kinder an Kreativität und Konzentration. Eltern wollen »das Beste für ihr Kind«, stimulieren unentwegt seine Entwicklung und verhindern damit, dass das Kind zur Ruhe kommt und Ausdauer lernt. Diesen Eltern fehlt vielleicht das Vertrauen. Sie können ihre Kinder nicht als eigenständig handelnde Personen sehen und durch Beobachtung ihre Fähigkeiten erkennen und sie selbstständig machen lassen. Wenn das Kind sich oft im Spiel gestört fühlt, hat es vielleicht keine Freude mehr daran.

Die Lernatmosphäre sollte sich an den Lebensbedürfnissen des kleinen Kindes orientieren. Dazu gehören:
> Geborgenheit, Liebe, Zuwendung;
> Kontakt, Gefühl, Mimik, Gestik, Sprache;
> Fantasie, Spontaneität;
> sinnliches Erfahren, eigenes schöpferisches Tun;
> Bewegung, Spiel;
> Beobachten und Ruhe.

Manche Kindertagesstätten haben Zeiten ohne Spielsachen eingeführt. Die Erfahrung zeigt, dass dann der Kontakt zwischen den Kindern intensiver ist.

ANREGUNGEN FÜR DEN ALLTAG MIT IHREM KIND

Noch mehr Anregungen für die Wohnung

Mit dem Telefon spielen

Die meisten Kinder spielen gern mit dem Telefon. Manche Kinder haben großen Respekt vor diesem Ding, das plötzlich »spricht«. Wenn Sie nicht wollen, dass Ihr Kind mit dem »richtigen« Telefon spielt, geben Sie ihm ein altes oder kaufen Sie eines zum Spielen; damit kann es zwar auch »telefonieren«, aber das echte Gerät wird immer eine größere Attraktivität besitzen.

Kinder sind meist eifersüchtig, wenn wir telefonieren. Sie wollen uns vom Telefon weglotsen. Auch Geschwister streiten sich ge-

Mona telefoniert mit ihrer Oma.

rade immer in dem Moment und genau vor unserer Nase, wenn wir angefangen haben, zu telefonieren.

Haben Sie beim Telefonieren einen kleinen Zuhörer, erzählen Sie möglichst nichts Negatives über Ihr Kind. Auch in diesem Alter versteht es schon fast alles, was wir sagen.

Eltern versuchen, ihren Kindern beizubringen, nicht in die Gespräche von Erwachsenen hineinzureden, doch sie selbst sind sofort bereit, ihre Gespräche sowohl mit den Kindern als auch mit anderen Erwachsenen zu unterbrechen, nur weil ein Telefon klingelt. Stellen Sie sich vor: Jeder Bürger telefoniert fast 800 Stunden im Jahr, das sind über zwei Stunden täglich. Führen Sie zum Wohle ihres Kindes handyfreie Zeiten ein, und Sie haben mehr freie Zeit.

Steckdosen

Steckdosen sind für viele kleine Kinder gerade wegen des Verbotes interessant. Sie sollten zwar gesichert sein, aber trotzdem würde ich meinem Kind verbieten, sie zu untersuchen, da in anderen Wohnungen vielleicht keine Kindersicherungen in den Steckdosen sind.

Sagen Sie Ihrem Kind, was es tun soll, und nicht, was es nicht tun soll. Das »Nicht« wird vom Gehirn nicht gespeichert: »Stellen Sie sich nicht einen Schneemann in der Wüste vor! Was sehen Sie?« Das zu sagen, was wir wollen, ist eine große Aufgabe für uns Erwachsene.

Vieles auf der Welt wäre völlig uninteressant, wenn es nicht verboten wäre.

Musikanlage

Ob Sie Ihrem Kind erlauben, die elektrischen Geräte, z. B. die Stereoanlage, anzufassen und zu bedienen, ist zum einen eine Einstellungssache, zum anderen hängt es auch von Alter, Temperament und Verhalten Ihres Kindes ab. Viele Verbote werden mit zunehmendem Alter gelockert oder aufgehoben.

Wenn Sie das Gefühl haben, dass Sie das Verbot nicht durchsetzen können, obwohl es Ihnen wichtig ist, stellen Sie die Stereoanlage außer Reichweite. So vermeiden Sie einen Dauerkonflikt.

Eltern haben manchmal unterschiedliche Meinungen. Kinder können gut unterscheiden, was bei Vater geht und bei Mutter nicht. Und: Wenn Sie nicht hinter einem Verbot stehen, werden Sie es auch nicht durchsetzen können. Vermitteln Sie bei Verboten dem Kind immer auch das Gefühl, viele andere Dinge in seiner Umgebung erleben und anfassen zu dürfen.

Kritisieren Sie, wenn nötig, das Verhalten des Kindes, aber nicht das Kind selbst.

Medien und mehr

Je mehr Sinne beteiligt sind, desto besser prägt sich in den ersten drei Lebensjahren das Erlebte ein. Diese Eindrücke und Erfahrungen, die ein Kind beim Spielen, mit Eltern, Gleichaltrigen, auf Spaziergängen im Wald, auf dem Spielplatz, in Parks macht, sind die Basis zum Lernen.

Berieselung vor Fernseher oder Computer macht passiv und ist für Kinder unter drei Jahren nicht geeignet. Ein Ball, der im Fernsehen zu sehen ist, existiert nur virtuell – erst mit dem realen Ball kann das Kind spielen, und es erfährt:

> So fühlt er sich an.
> Er ist leicht oder schwer.
> So riecht er.
> Ich kann ihn prellen oder fangen.
> Wie viel Schwung benötigt er, um zu Papa zu rollen?
> Kann ich schon gegen den Ball treten?
> Er fliegt hoch, wenn ich fest dagegentrete.

Till darf seine erste DVD sehen.

Wichtig ist in jedem Alter die Begleitung des Kindes bei der Mediennutzung. Sehen Sie zusammen fern, machen Sie beim Computerspiel mit. Dann können Sie feststellen, wie es Ihrem Kind dabei geht, und später Fragen beantworten.

Notebooks, Handys und andere elektronische Spielsachen gibt es bereits für Kinder nach dem ersten Lebensjahr. Untersuchungen bestätigen, dass sie dadurch in ihrer Entwicklung behindert werden: Blinken, Töne und Bewegungen sind zwar faszinierend, aber die Kinder können den Dingen nicht auf den Grund gehen.

Kinder wollen leben und nicht aufs Leben vorbereitet werden.

Bücher ordnen

Kinder halten sich gern im Wohnzimmer bei uns auf und gehen meistens vorsichtig mit den Gegenständen um. Manche versuchen allerdings, alles zu untersuchen, was sie in die Hände bekommen. Überlassen Sie Ihrem Kind ein Fach im Regal, in dem seine Bilderbücher, alte Kataloge und einige Bücher stehen, die Ihnen nicht mehr so wichtig sind. Diese Bücher kann es nach Herzenslust bearbeiten.

Papier bearbeiten

Papier fühlt sich ganz unterschiedlich an: Pergamentpapier anders als die Brötchentüte. Durch das eine Papier kann man hindurchschauen, und wenn man es fest an den Mund hält und dagegensummt, kribbelt es an den Lippen. In der Brötchentüte kann ein Löffel verschwinden; wird sie oben zusammengedrückt, ist der Inhalt nicht mehr zu sehen.

Papier lässt sich zusammenknüllen und wieder glatt streichen. Das gibt interessante Geräusche, und die Oberfläche sieht jedes Mal anders aus. Auch kann alles Mögliche darin eingewickelt und wieder ausgepackt werden.

Päckchen packen

Geben Sie Ihrem zweijährigen Kind Zeitungs- oder anderes Papier zum Spielen. Es wird alles, was ihm in die Hände kommt, mit wachsender Begeisterung einpacken. Es freut sich, wenn Sie raten, was sich in den einzelnen »Päckchen« befindet.

Papier reißen und schneiden

Papier zu zerreißen ist gar nicht so einfach. Wir Erwachsenen machen das schon ganz unbewusst richtig. Wenn es Ihr Kind nicht selbstständig entdeckt, zeigen Sie ihm, wie es die eine Seite des Papiers nach vorne und die andere nach hinten ziehen muss, damit es zwei Stücke in den Händen hält. Es wird einige Zeit dauern, bis es das selbst machen kann. Zeitungspapier lässt sich besser von oben nach unten reißen als von der einen zur anderen Seite.

Nur wer erwachsen wird und auch Kind bleibt, ist ein Mensch. (Nach Erich Kästner)

Wenn Ihr Kind bald zwei Jahre alt ist, wird es auch gerne Papier mit einer vorne abgerundeten Kinderschere zerschneiden, bald auch gezielter, z. B. aus Katalogen. Ausgeschnittene Bilder können Sie mit ihm gemeinsam aufkleben.

Mona ist hochkonzentriert bei der Arbeit.

Malen und »Schreiben«

Ein Kind im zweiten Lebensjahr möchte schon schreiben und malen wie die Großen. Kleine Kinder wollen oft die Stifte noch mit dem Mund probieren und prüfen, ob ein gelber Stift anders schmeckt als ein roter. Der rote Pudding schmeckt doch auch anders als der gelbe. Wenn Sie einen Brief zu schreiben haben oder die Einkaufsliste erstellen, geben Sie Ihrem Kind einen ungiftigen Stift. Es macht Ihre Schreibbewegungen nach und kritzelt etwas aufs Papier.

Mit ca. 1½ Jahren kann das Kind einen Stift halten: Faszinierend, wie der Stift Spuren hinterlässt, wenn ich mit ihm über das Papier hin- und herfahre. Mit einem Stift sich auszudrücken ist eine elementare neue Erfahrung. Das Kind nimmt dabei keine Grenzen wahr wie z. B. den Rand des Papiers. Sorgen Sie für

Ein Kind ist ein Buch, aus dem wir lesen und in das wir schreiben sollen.
(Peter Rosegger)

große Bögen, z. B. Reste von Tapetenrollen (in Malergeschäften), oder die Rückseiten von beschriebenen Blättern.

Zuerst malen die meisten Kinder Linien, danach Kreise oder Ovale, und immer viele übereinander. Lassen Sie Ihr Kind malen, ohne ihm zu helfen. Es hat von den Dingen eine eigene Vorstellung, die es aufs Papier bringt, und versteht in diesem Alter noch nicht, wie ein Tier oder Mensch naturgetreu gemalt werden kann. Fragen Sie Ihr Kind, was es gemalt hat, wenn es sprechen kann.

Erst mit mehr als drei Jahren beginnen die Kinder, gegenständlich zu malen.

Bieten Sie Gelegenheit und Malutensilien an. Gut ist es, wenn Ihr Kind oft die Möglichkeit zum Malen hat. Aber schalten Sie sich nicht ein, und vor allem: Korrigieren Sie Ihr Kind nicht! Nur so kann es sein eigenes Tempo, seinen eigenen Ausdruck und seine Individualität entwickeln. Malen ist eng an die Motorik gebunden. Im Kritzeln drücken sich die Rhythmen der motorischen Entwicklung aus. Am Anfang geht die Zeichenbewegung vom Schulterbereich aus, danach von den Fingergelenken. Der erste bildnerische Ausdruck von Kindern ist das Schmieren. Ab einem Jahr fängt das Kind an, »Spuren« zu hinterlassen. Kinder übermalen oft ihr gerade erst fertiggestelltes Produkt. Ihnen liegt wenig daran, ein Ergebnis zu erzielen, sie malen einfach, weil sie Freude daran haben. Viele Kinder malen noch lange Bilder, auf denen wir nichts erkennen können. Erst später erzählen sie uns oft genau, was sie sich beim Malen vorstellen. Erst ab einem Alter von drei Jahren beginnen die Kinder gegenständlich zu malen.

Die Arbeit läuft dir nicht davon, wenn du deinem Kind den Regenbogen zeigst, aber der Regenbogen wartet nicht, bis du mit deiner Arbeit fertig bist.
(Chinesisches Sprichwort)

Das heißt nicht, dass wir nicht auch für unsere Kinder malen können. Meine Kinder spielten gern das Spiel: Mama, mal uns mal einen Hund, ein Haus oder Ähnliches. Da ich nicht gut malen kann, hatten sie am meisten Freude, wenn das Verlangte kaum zu erkennen war.

Zwingen Sie sich nicht zum gemeinsamen Spielen oder Malen, wenn Sie eigentlich keine Zeit dafür haben. Das Kind würde Ihre Nervosität sofort spüren, sodass schließlich beide unzufrieden wären. Auch ein kleines Kind kann im Übrigen verstehen (und sollte lernen), dass es nicht immer »Mittelpunkt der Welt« ist. Erklären Sie ihm also, dass sie jetzt keine Zeit haben, und vereinbaren Sie für später eine gemeinsame Aktion. Die sollten Sie aber auch einhalten.

Achten Sie darauf, wie die Kommunikation mit Ihrem Kind verläuft: Bestätigen Sie Ihr Kind häufiger, als Sie es kritisieren? Nehmen Sie sich einmal die Zeit und zählen Sie, wie oft Sie Ihr Kind innerhalb einer Stunde kritisieren und loben.

Missbilligung wird vom Kind als Liebesverlust empfunden. Sagen Sie lieber in einer solchen Situation: »Das, was du da gemacht hast, gefällt mir nicht, aber ich mag dich sehr.« Nehmen Sie Ihr Kind mit seinen individuellen Eigenarten und Fähigkeiten an und unterstützen Sie es, seinen eigenen Weg zu finden, anstatt ihm Ihre Vorstellungen aufzudrücken.

Gemeinsam einkaufen

Für einen gemeinsamen Einkauf brauchen Sie Zeit und Ruhe. Wenn Sie morgens viel in der Wohnung zu tun haben, verschieben Sie doch Ihren Einkauf auf den Nachmittag, anstatt sich abzuhetzen. Der Konflikt kann schon beginnen, bevor Sie losgehen wollen, da das Kind vielleicht intensiv spielt und wütend reagiert, wenn es gestört wird.

Sollte das häufiger passieren, werden die Kinder womöglich selbst mit der Zeit nicht mehr so ausdauernd und intensiv spielen. Auf jeden Fall wird Ihr Kind nicht verstehen, warum Sie oft von ihm verlangen, dass es allein spielt, und zu anderen Zeiten sein Spiel plötzlich beenden, damit es mit Ihnen etwas unternimmt. Deshalb unterbrechen Sie Ihr Kind nicht abrupt, lassen Sie ihm noch ein wenig Zeit, und erklären Sie ihm, warum es langsam zum Ende kommen soll.

Stellen Sie sich auch darauf ein, dass Ihr Kind viel Zeit beim Anziehen braucht. Es wird dann viel ausgeglichener und freudiger mit Ihnen zusammen losgehen. Aber auch Kinder müssen warten lernen. Das gelingt, wenn wir die »Zeit« in Tätigkeiten packen: »Wenn ich die Wäsche aufgehängt habe, gehen wir raus.«

Stellen Sie sich darauf ein, dass Ihr Kind viel Zeit beim Anziehen braucht.

Kleidung holen

Ein Einjähriges freut sich, wenn es seine Schuhe holen darf und Sie sie ihm anziehen. Viele Eltern können ein Lied von dem Nervenkrieg singen, den es um die Schuhe gibt: Kleinere ziehen sie gern immer wieder aus, Ältere wollen sie partout anbehalten, auch wenn sie den Dreck vom Spielplatz durch die ganze Wohnung tragen.

Bei den Gummistiefeln klappt das oft am leichtesten. Wenn das Kind älter ist, wird es die Schuhe allein anziehen. Auch die Schuhe der Erwachsenen auszuprobieren ist bei Kindern beliebt.

Mütze aufsetzen, Jacke anziehen

Einjährige setzen sich meist gern die Mütze auf. Sie wissen, dass es dann bald nach draußen geht. Es gibt aber auch Kinder, die sich die Mütze immer wieder vom Kopf ziehen. Dies ist häufig ein Anlass für Konflikte. Wählen Sie die Mütze zusammen aus. Beim Kauf achten Sie darauf, dass die Mütze (z. B. durch ein Band) geschlossen werden kann.

Da Kinder in diesem Alter alles, was sie erwischen können, über den Kopf ziehen, müssen Sie darauf achten, dass Ihr Kind weder Plastiktüten noch Schnüre oder Bänder erreichen kann.

Treppen bewältigen

Nehmen Sie sich Zeit, mit dem Kind Treppen rauf- und runterzusteigen. Lassen Sie Ihr Kind am Anfang immer auf allen vieren hochkrabbeln und rückwärts hinunterkriechen.

Je sicherer das Kind im Laufen wird, desto besser lernt es auch, mit Treppen umzugehen. Sie brauchen weniger Ängste zu haben, dass Ihr Kind die Treppe hinunterfällt, wenn Sie es immer wieder üben lassen. Kinder, die nicht unter Aufsicht üben konnten, sind oft schon mit einzelnen Stufen überfordert. Der gut gemeinte Rat »Pass auf!« erreicht oft das Gegenteil. Das Kind wird abgelenkt und verunsichert.

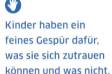

Kinder haben ein feines Gespür dafür, was sie sich zutrauen können und was nicht.

Oskar guckt zur Mutter. Lenken Sie Kinder nicht durch »Pass auf!« ab. So passieren Unfälle.

Unterwegs will Ihr Kind große und kleine Treppen ausprobieren, wenn es das Treppensteigen beherrscht. Jeder Hauseingang will erklommen werden. So kann Ihr Kind am besten lernen, wie unterschiedliche Treppenstufen zu meistern sind.

Wenn Ihre Mimik Aufmunterung und Ermutigung signalisiert, wird es sich selbstbewusst an die Arbeit machen. Auch wenn Ihr Kind hingefallen ist, wird es Sie ansehen und sich nach Ihrer Reaktion richten. Auf jeden Fall trösten Sie es, wenn Sie das Gefühl haben, dass es Trost braucht. Gehen Sie über seinen Schmerz einfach hinweg, weiß es nicht, ob es seinen Gefühlen überhaupt trauen darf.

Dein Kind sei so frei es immer kann. Lasse es gehen und hören, finden und fallen, aufstehen und irren. (Pestalozzi)

Einkaufen »gehen«

Für viele Menschen sind die nächsten Einkaufsmöglichkeiten nur noch mit dem Auto zu erreichen. Vielleicht haben Sie ja ein kleines Geschäft in der Nähe, in dem Sie gemeinsam mit Ihrem Kind einmal wöchentlich etwas einkaufen können, auch wenn es ein bisschen teurer ist. Und der Supermarkt, der sowieso nur 10 oder 20 Gehminuten entfernt liegt, wird von Ihnen vielleicht häufiger mit dem Kinderwagen statt mit dem Auto angesteuert.

Untersuchungen zeigen, dass sich Erwachsene untereinander bei gemeinsamen Spaziergängen unterhalten. Wenn Eltern neben ihren Kindern hergehen, sind sie oft stumm, telefonieren oder weisen die Kinder zurecht.

Beobachten Sie sich, wie Sie sich verhalten! Sehen Sie in Ihrem Kind einen Gefährten und keinen Gegner. Nehmen Sie sich Zeit, ihm etwas zu erzählen und es auf die vielen kleinen Dinge aufmerksam zu machen, die es unterwegs zu entdecken gibt: die Schwalbennester unter dem Hausdach beim Nachbarn gegenüber, den frisch gestrichenen Zaun bei Müllers, die roten Geranien vor den Fenstern von Meiers, die rot-braun gefleckte Katze, die sich auf der Mauer sonnt ...

Wenn Ihr Kind seine ersten Schritte macht, lassen Sie es so oft wie möglich laufen. Anfangs ist das Laufen selbst sein Ziel. Es will in alle Richtungen laufen, was gut in Fußgängerzonen möglich ist. Geübtere Kinder freuen sich, wenn sie den ganzen Weg bewältigen. Ziele zu erreichen wird für sie erst später wichtig.

Für kleine Kinder hat Zeit eine ganz andere Bedeutung als für uns. Die Hektik und Eile, die uns oft zu schaffen macht, hat sie zum Glück noch nicht erreicht. Vielleicht können wir uns ihnen einfach ab und zu ein wenig anschließen.

Mit zunehmender Sicherheit wird das Laufen Mittel zum Zweck. Wenn das Kind fast zwei Jahre alt ist, läuft es vorwärts, rückwärts und seitwärts. Geben Sie ihm oft die Möglichkeit, zu laufen. Gerade dann, wenn Kinder laufen lernen, wollen sie es immer wieder ausprobieren und sind dabei sehr ausdauernd.

Kleine Kinder mit ihren kurzen Beinen benötigen für jeden Weg dreimal so viele Schritte wie wir.

Kinder, die gerade das Laufen gelernt haben, wehren sich oft dagegen, im Kinderwagen gefahren zu werden. Auch wenn es zeitaufwendiger ist: Geben Sie diesem Wunsch nach, sooft es geht! Sonst wird Ihr Kind bald aus Bequemlichkeit weiter im Wagen sitzen bleiben, obwohl es alt genug zum Laufen ist. So geht es ja auch uns Erwachsenen: Haben wir uns ans Auto gewöhnt, wird kaum mehr etwas zu Fuß erledigt.

Automatenautos

Vor vielen Geschäften stehen Fahrzeuge, die durch Geld in Gang gesetzt werden können. Für die meisten Familien werden sie zu einem ständigen Ärgernis, weil die Kinder Wutanfälle bekommen, wenn sie nicht fahren dürfen.

Finden Sie für sich und Ihr Kind eine eigene Möglichkeit, wie Sie das Problem lösen wollen. Sagen Sie Ihre Meinung und bleiben Sie konsequent. Bei einem Wutanfall ist es sicher nicht einfach, Ruhe zu bewahren. Aber wenn Ihr Kind merkt, dass Sie unsicher werden, wird es noch lauter und länger schreien, um sich durchzusetzen.

Einkaufswagen
Im Geschäft lässt sich das jüngere Kind gern in den Einkaufswagen setzen, da es von seinem Sitz einen guten Ausblick hat. Nach einiger Zeit fängt es vielleicht an, sich zu langweilen. Geben Sie ihm die Gegenstände, die nicht zerbrechen, damit es sie in den Wagen fallen lässt.

Ältere wollen mit einkaufen. Wenn Sie Zeit und Ruhe haben, lassen Sie Ihr Kind laufen und geben ihm die Gegenstände, die es zum Wagen bringen kann. Dafür gibt es inzwischen in vielen Supermärkten kleine Einkaufswagen. Am Anfang brauchen die Kinder noch Aufsicht, da sie einfach losschieben, ohne darauf zu achten, ob sie jemandem in die Hacken fahren. Hier ist eine gute Möglichkeit, dass Kinder lernen, Rücksicht zu nehmen.

Käse- oder Wursttheke finden
Nach zwei, drei Einkäufen weiß das Kind, wo sich die Wurst- oder Käsetheke befindet, und zeigt Ihnen den Weg. In vielen Geschäften gibt es für das Kind etwas zum Probieren. Überlegen Sie sich vorher, ob Sie wollen, dass es zwischen den Mahlzeiten etwas isst, und sprechen Sie das mit der Verkäuferin ab.

Trotzdem wird es Konflikte geben – etwa, wenn das Kind vor Ihnen in der Schlange eine Scheibe Wurst bekommen hat; dann bekommt Ihr Kind womöglich einen Wutanfall, weil es Ihr Verbot nicht akzeptieren will.

ANREGUNGEN FÜR DEN ALLTAG MIT IHREM KIND

Tabea: »Schau Mama, hier ist die Wurst.«

Es ist nicht einfach, ruhig und konsequent zu bleiben. Lange Erklärungen bewirken oft eine verlängerte Trotzhaltung. Tragen Sie Ihr wütendes Kind einfach an einen anderen Ort, an dem es das Streitobjekt nicht mehr sehen kann.

Versuchen Sie nicht, den Trotz zu brechen, aber geben Sie nicht nach, denn Kinder, die alles bekommen, verlieren die Freude an allem. Es ist gut, wenn Kinder auch verzichten lernen. So schätzen sie anderes umso mehr.

Trotz
Im Alter zwischen 1½ und zwei Jahren entdecken die Kinder sich selbst. Sie erleben sich als eigenständige Person. Durch Zornanfälle lernen sie, sich durchzusetzen. Trotzanfälle helfen, eine Balance zu finden zwischen
> Trennungsängsten (Zorn richtet sich meist gegen die Bezugsperson)
> und Streben nach Selbstständigkeit (Kind will sich aus Symbiose lösen).

Kinder wollen jetzt vieles allein machen. Dabei stoßen sie an Grenzen, die zu Trotzanfällen führen. In diesen Situationen sind die Kinder überfordert, können sich nicht zurücknehmen und nehmen ihre Umwelt nicht wahr. Es hilft meist nur ein Abwarten, sosehr wir helfen wollen.

Wenn die Trotz- und Schreianfälle sich häufen, liegt es oft am zu straffen Tagesablauf. Planen Sie morgens eine halbe Stunde mehr ein, damit Ihr Kind Dinge selbst machen kann, auch wenn es mit Ihrer Hilfe schneller ginge. Passt der Pullover dann doch nicht über den Kopf, ist das für Ihr Kind frustrierend, und es wird vielleicht sehr wütend. Greifen Sie nicht ein, da es nur so lernt, mit Niederlagen umzugehen und nicht den Mut zu verlieren. Kinder kommen, wenn sie unsere Hilfe wollen.

Hilfe für die Eltern
> Tief durchatmen, bis 10 zählen, Distanz schaffen, nicht eingreifen;
> Innere Ruhe übertragen, selber ruhig bleiben.
> An schöne Momente denken, vielleicht ans fröhliche Zusammensein am Morgen.
> Rückhalt finden – sprechen Sie mit dem Partner und mit Freunden, so bauen Sie Stress ab.
> Versetzen Sie sich ins Kind. Meist ist es über eine »Grenze« enttäuscht. Vielleicht brauchen Sie diese in Zukunft nicht mehr.
> Analysieren Sie Ihr Verhalten – falls Sie leicht die Kontrolle verlieren, was könnten Sie in Zukunft anders machen?

Kinder in diesem Alter wollen sich lösen und haben Ängste, allein zu sein. Seien Sie da, damit Ihr Kind auf Sie zukommen kann, wenn es dies braucht. Es wird den Weg zurück zur Normalität selber finden. Es braucht weder Mitleid noch Trost, aber einen verlässlichen Partner, wenn der Zornanfall vorbei ist.

Waren suchen

Kinder im Alter von ungefähr 1½ Jahren haben ein gutes Gedächtnis und freuen sich, wenn sie (unzerbrechliche) Produkte aus den unteren Regalfächern holen dürfen. Die ersten Male holen Sie die Waren gemeinsam. Sie werden staunen, wie schnell Ihr Kind weiß, wo es die Butter suchen muss.

Zweijährige entfernen sich immer ein wenig weiter von den Eltern. Damit Sie nicht ständig nach ihnen suchen müssen, sollten Sie mit der Beteiligung am Einkaufen möglichst bald beginnen und absprechen, dass Ihr Kind Sie im Blick behält.

Die Eltern sind die Insel, zu der die Kinder gehen, aber nicht umgekehrt.

Waren aufs Kassenband legen

Kinder freuen sich, wenn sie einzelne Teile aufs Kassenband legen dürfen; sie werden von uns zugereicht. Haben Sie Ihrem Kind etwas zum Essen gekauft, öffnen Sie die Ware nicht vor der Kasse, sondern geben Sie sie ihm erst, nachdem Sie gezahlt haben. Das erhöht die Vorfreude und Frustrationstoleranz. Das Kind lernt, auch in anderen Situationen auf etwas warten zu können.

Tabea schaut die Mutter fragend an, ob diese Eier die richtigen sind.

Mit den Augen des Kindes

Versuchen Sie sich in die Sicht des Kindes mit seinem eigenen bisherigen Erfahrungsschatz zu versetzen. Wenn Ihre Deutung mit der Erlebniswelt Ihres Kindes übereinstimmt, helfen Ihre Worte bei der Klärung und Strukturierung seiner Welt. Überprüfen Sie an Mimik, Gestik und Verhalten, ob Sie seine Gefühle richtig eingeschätzt haben. Es wird nämlich dann problematisch, wenn die elterlichen Vorstellungen von den Gefühlen und der Persönlichkeit des Kindes mit dessen eigenen Wahrnehmungen nicht übereinstimmen und Sie dem Kind Ihre Erlebniswelt andichten.

Oft passiert dies, wenn wir etwas besonders schön oder wichtig finden und uns deshalb gar nicht rückversichern, ob unsere Kinder es genauso empfinden. Denken Sie nur an die weinenden Einjährigen auf einem Karussell oder an die erstarrten Kinder auf dem Arm des Nikolaus, zu denen die Eltern sagen, dass sie doch jetzt etwas ganz besonders Schönes erlebt hätten. Benennen Sie die kindlichen Gefühle, die Sie wahrnehmen. Durch wiederholtes Benennen lernen Kinder den Zusammenhang zwischen Gefühlen und deren Begriffen und können sie mit zunehmendem Alter selber aussprechen. Besonders wichtig ist es, dass wir auch Gefühle wie Trauer und Wut zulassen, sie benennen und dem Kind vermitteln, dass sie zu uns gehören und ihre Berechtigung haben.

In jeder lebendigen Eltern-Kind-Beziehung stoßen wir auch an unsere Grenzen und machen Fehler. Diese Fehler geschehen immer wieder und sind, wenn sie nicht zu häufig passieren, wichtig und notwendig. Sie helfen dem Kind, eine eigene Art des Umgangs mit Erfahrungen (auch negativen) und mit Menschen zu entwickeln. Dabei lernen sie, sich abzugrenzen und eigene Lösungen zu finden.

ANREGUNGEN FÜR DEN ALLTAG MIT IHREM KIND

Kleine Kinder freuen sich, wenn sie Handtaschen ausräumen dürfen.

Einkäufe nach Hause tragen und einräumen

Legen Sie einige Sachen in eine kleine Tasche oder einen kleinen Rucksack, und das Kind wird sie stolz nach Hause tragen. Dort kann es auspacken und Ihnen die Einkäufe zum Wegräumen geben oder sie schon allein an seinen Platz bringen: z. B. die Windeln ins Bad tragen, das Obst in die Obstschale legen.

Anerkennung ist eine gewaltige Antriebskraft, deren Zauber ihre Wirkung nie verfehlt.

Handwerkliche Arbeiten

In den meisten Familien werden die Väter für kleine Reparaturarbeiten zuständig sein. Da schauen Mädchen genauso wie Jungen gerne zu und wollen auch schon helfen. Besonders interessant ist das, weil die meisten Kinder ihre Väter seltener als ihre Mütter bei der Arbeit beobachten können.

Bei Ihnen in der Familie wird es hoffentlich so sein, dass der Vater diese Gelegenheit freudig wahrnimmt, um sich mit seinem Kind zu beschäftigen. Denn es ist wichtig, dass Kinder auch schon in diesem Alter genügend Zeit mit ihrem Vater verbringen. Sie lernen, dass er sich in vielen Bereichen anders verhält. Außerdem ist es für die Mutter, die viel Zeit mit dem Kind verbringt, eine willkommene Abwechslung, mal etwas für sich zu tun.

Was das Leben ausmacht, sind nicht die Ziele, sondern die Wege zum Ziel.
(Peter Bamm)

Nägel reichen und ordnen
Schon kleine Kinder können mit dem »Zangengriff« die Nägel aus dem Werkzeugkasten holen und Ihnen reichen. Später ordnen sie mit großer Konzentration Nägel, Schrauben, Dübel nach Größe und Dicke in kleine Dosen.

Nägel einschlagen
Sie können Ihrem Kind im zweiten Lebensjahr ein Stück Kork geben, in das es Nägel drücken darf. Wenn es ein wenig älter und geschickt mit seinen Händen ist, kann es mit einem Kinderhammer oder einem kleinen Hammer anfangen, Nägel, die wir ein wenig festgeschlagen haben, in ein weiches Holzbrett zu hämmern. Noch ältere Kinder hämmern ihre Nägel selbst aufs Brett.

Lassen Sie Ihrem Kind die Zeit, seine Ideen in Ruhe in die Tat umzusetzen. Oft ist es interessanter, den Erwachsenen beim Tun zu beobachten oder z. B. die kleinen Schrauben in eine Dose zu füllen als das, was wir uns überlegt haben. Allerdings müssen Sie immer Elektrogeräte, Farben und Handwerkszeug so wegräumen, dass Ihr Kind sie nicht erreichen kann. Es sollte sich nie allein im Keller oder in Hauswirtschaftsräumen aufhalten, damit kein Unfall mit der Waschmaschine, der Tiefkühltruhe oder anderen Geräten passieren kann.

Kinder brauchen Zeit, um aus ihrem eigenen Rhythmus heraus ihr Vorhaben nach ihrer eigenen Vorstellung zu meistern.

Leiter ausprobieren

Auf Leitern können sich Kinder eine neue Dimension erschließen und müssen gleichzeitig ein Höchstmaß an Geschicklichkeit und Koordination aufbringen, um die Sprossen nacheinander zu erklimmen. Natürlich stehen Sie bei diesen Erkundungen bereit, um einzugreifen, falls Ihr Kind eine Sprosse nicht erreicht oder aus anderen Gründen herunterzufallen droht.

Am schwierigsten ist es, wieder herunterzuklettern. Machen Sie ihm Mut, es allein zu versuchen. Wenn Sie gleich eingreifen und das Kind von oben in Ihre Arme springt, wird es nicht lernen, die Situation bis zum Ende zu meistern. Führen Sie eventuell den kleinen Fuß bis zur nächsten Sprosse, dann wird es den Halt eine Sprosse tiefer vielleicht selbst ertasten.

Das Kind lernt und experimentiert gerade bei so einer Aufgabe intensiv mit seinem Körper und ist stolz, wenn es Erfolg hat. Machen Sie ihm Mut, weitere Versuche zu wagen.

Altpapier

Beim Entsorgen von Altpapier können schon die Jüngeren mithelfen; achten Sie aber darauf, dass nicht die aktuelle Handwerkerrechnung oder ein Brief der Freundin im Abfall landet.

Wenn Ihr Kind mitgeholfen hat, freuen Sie sich. Dafür eignen sich besonders »Ich-Botschaften« wie: »Schön, dass das ganze Papier weg ist. So schnell hätte ich es allein nicht geschafft.« Bei einer »Ich-Botschaft« wird nicht gewertet. Das Tun selbst ist das Wichtige. So werden Kinder nicht vom Lob abhängig.

Auto sauber machen

Ihr Kind hilft besonders gern dabei, mit einem kleinen (oder auch dem normalen, größeren) Staubsauger das Innere des Autos zu säubern. Auch wird es schon mit dem Staubtuch Armaturenbrett oder Lenkrad abwischen können.

Sind Sie selbst ängstlicher als andere Eltern? Was können Sie dann tun?
Überspielen Sie nicht die Angst, Ihr Kind spürt, dass Sie etwas anderes fühlen als sagen. Verweisen Sie es an andere Menschen, wenn es um die Einschätzung von Gefahren geht. Wenn Ihr Partner nicht so ängstlich ist, sagen Sie: »Frag selber, ob du den Hund streicheln darfst, du weißt, dass ich Angst habe.« Oder: »Das machst du nachher mit Papa, du weißt, dass ich ängstlich bin.« Väter trauen ihren Kindern oft mehr zu. Lassen Sie Ihr Kind, wenn Sie die Zeit haben, Grenzen austesten. Durch diese Erfahrungen lernen sie Selbstvertrauen.
Das Kind übt jetzt schon die Verhaltensweisen ein, nach denen es auch später Lösungen für Probleme finden wird. Aus diesem Grunde ist es wichtig, dass Kinder eigenständig oder mit uns zusammen Wege finden. Wenn wir ihnen die Problemlösungen abnehmen, werden sie auch später unselbstständig bleiben.

Autofahren mit Kindern

Um den Kindern das ruhige Sitzen beim Autofahren zu erleichtern, können Sie mit ihnen singen, ihnen Geschichten erzählen, sich mit ihnen unterhalten oder mit älteren Kindern Musik hören. Spielsachen binden Sie fest, damit sie nicht herunterfallen bzw. die Kinder sie am Band wieder hochziehen können. Auf jeden Fall sollten Kinder immer in ihrem Kindersitz festgeschnallt sein.

Fahrrad fahren

Kinder ab einem Jahr fahren gern auf dem Fahrrad mit uns. Sie schauen dabei ständig zur Seite, da sie sonst nur unseren Rücken sehen. Machen Sie häufig Pausen, damit sich Ihr Kind bewegen und eine andere Haltung einnehmen kann. Auch sollten Sie möglichst keinen Rucksack auf dem Rücken tragen, da er die Bewegungsfreiheit des kleinen Mitfahrers noch mehr einschränkt. Die Fahrradpumpe ist ein beliebtes Spielzeug.

Von den einfachsten Erlebnissen zehren wir am meisten.

Dreirad und Rutschauto

Viele Kinder bekommen im zweiten Lebensjahr schon ein Dreirad. Warten Sie, bis Ihr Kind die Pedale treten und das Dreirad lenken kann. Und denken Sie daran, dass Zweijährige noch nicht vorausschauend Gefahren wahrnehmen können.

In diesem Alter fahren die Kinder gern mit ihrem Rutschauto, das sie im Laufe der Zeit gut beherrschen. Auch ein Laufrad wird Ihr Kind unterstützen, sein Gleichgewicht gut auszubalancieren.

Im Freien und bei der Gartenarbeit

Kleine Kinder bewegen sich gern an der frischen Luft. Wenn Sie keinen Garten haben, gehen Sie mit Ihrem Kind oft nach draußen auf Spielplätze, in den Wald oder in den Park.

Die Kinder werden sich von Ihnen entfernen, aber immer wieder zurückkehren. Am Anfang ist die Bezugsperson in einer fremden Umgebung wichtig. Nach einiger Zeit überwiegt die Neugier, und das Kind geht auf Entdeckungsreise. Sie bleiben aber das emotionale und geografische Zentrum, zu dem es, in immer größeren Abständen und aus immer größerer Entfernung, wieder zurückkehrt. Es liest in Ihrem Gesicht, ob Sie seine Ausflüge akzeptieren. Sind Sie außer Sichtweite, gerät es leicht in Panik und ruft nach Ihnen oder weint. Wenn Sie antworten und Ihr Kind auf den Arm nehmen, wird es sich schnell beruhigen.

Ermöglichen Sie Ihrem Kind, oft draußen zu spielen, möglichst mit anderen Kindern.

Durch Pfützen laufen

Nach einem Regenguss gibt es draußen jede Menge herrlicher Spielplätze: Sie brauchen nur wetterfeste Kleidung herauszusuchen (Gummistiefel!) – und schon werden Sie ein rundum zufriedenes Kind haben, das sich stundenlang mit den kleinen Seen beschäftigt. Da kann man hineinspringen, Stöckchen schwimmen lassen, Steine rausholen, der Himmel spiegelt sich in der Oberfläche …

Fangen spielen

Kinder, die sicher allein laufen, freuen sich, wenn wir sie fangen. Versuchen Sie mal, dabei genauso kleine Schritte wie Ihr Kind zu machen – so dauert es viel länger, Ihr Kind zu erreichen.

Balancieren

Ihr Kind wird sich mit zunehmender Sicherheit beim Laufen immer schwierigere Wege suchen. Am Anfang benötigt es unsere Hilfe, wenn es seinen Gleichgewichtssinn übt und auf einer Mauer balanciert. Später beherrscht es diese Kunst allein.

Bäume umkreisen

Ein Spiel, das Kinder lieben. Es ist gar nicht so einfach, dabei das Gleichgewicht zu halten. Besonders viel Freude hat Ihr Kind, wenn Sie hinter ihm herlaufen und sich nach einer Weile umdrehen, sodass es Ihnen in die Arme läuft. Es empfindet in so einem Moment »Wonneangst«. Das Kind erschrickt und freut sich gleichzeitig.

Matsch
Durch Nässe entsteht auch ein anderes verführerisches Spielzeug: Matsch. Ein absoluter Favorit bei allen Kindern, vorausgesetzt, der unbekümmerte Umgang mit dem Dreck wurde ihnen nicht von den Erwachsenen verleidet. Lassen Sie Ihr Kind nach Herzenslust matschen, formen, graben – Wasser macht ja hinterher auch alles wieder sauber.

Laub
Ein herrliches Material: Man kann es mit beiden Händen greifen, lustvoll in die Luft werfen und beobachten, wie die einzelnen Blätter wieder zu Boden segeln. Nasse Blätter kommen schneller wieder unten an, trockene schweben länger durch die Luft. Im Laub finden sich oft kleine Tiere. Nasses Laub fühlt sich anders an als trockenes, es riecht intensiver. Es gibt die verschiedensten Grüns zu beobachten und im Herbst herrliche Gelb-, Braun- und Rottöne.

Blumen pflücken
Auf einer Wiese voller Gänseblümchen wird Ihr Kind sicher gerne einen Strauß pflücken. Auch wenn der oft noch etwas zerrupft aussieht, können Sie ihn zu Hause in einer Vase arrangieren.

Der Duft der Blumen
Blumen fühlen sich nicht nur unterschiedlich an, sie duften auch ganz verschieden: die einen mehr, die anderen weniger intensiv, mal eher süß, manchmal ein bisschen streng.

Wenn wir unseren Kindern mit Achtung begegnen, werden sie uns auch dabei nachahmen.

Je mehr wir ein Kind gewähren lassen, desto größer wird sein Erfahrungswissen. Erfahrung ist nicht lehrbar. Jeder Mensch muss das Leben auf seine eigene Weise erfahren.

Verwelkte Blüten abschneiden

Blumen werden, wie alles andere auch, genau angeschaut und möglichst auch untersucht. Das lässt sich gut realisieren bei verwelkten Blüten. Manchmal kann man sie einfach abreißen. Das macht natürlich besonderen Spaß. Dabei kann es aber leicht passieren, dass das Kind in seiner Konzentration (oder Begeisterung) alle Blüten abschneidet. Kein Anlass zum Schimpfen, sondern eine Möglichkeit, den Unterschied zwischen abgestorbenen Blüten, voll erblühten Blumen und zarten Knospen zu erklären.

Laub rechen

Der Rasenschnitt oder im Herbst die herabgefallenen Blätter können gut mithilfe des Kindes zusammengeharkt werden. Vielleicht hat es dafür eine eigene kleine Harke. Oder es füllt das zusammengeharkte Laub in einen Eimer, bringt es auf den Kompost oder verteilt es auf den Beeten.

Mit Wasser und Erde spielen, macht immer Spaß.

ANREGUNGEN FÜR DEN ALLTAG MIT IHREM KIND

Gartenschlauch
Bei großer Hitze im Sommer bespritzen große und kleine Kinder gern die Blumen und sich selbst mit dem Wasserschlauch.

Gartengeräte wegräumen
Wenn Sie mit der Gartenarbeit fertig sind, ergibt sich wieder eine gute Gelegenheit, dem Kind spielerisch beizubringen, dass man nach getaner Arbeit aufräumt.

Außenbereich der Kita
Das Außengelände der Kita sollte grundsätzlich so gestaltet sein, dass es auch der Bewegungsentwicklung der Kinder ab einem Jahr entspricht. Die »Kleinen« brauchen im Außengelände eine Rückzugsmöglichkeit, die für ihr Alter einen besonderen Anforderungscharakter hat. Dies können kleine Schrägen, unebener Boden, Hügel und einzelne Stufen mit einem kleinen Geländer

Das Spielen mit Papa darf auch nicht zu kurz kommen.

sein. Die Kinder werden erst hinauf- und hinunterkrabbeln, mit zunehmendem Alter sicherer werden und versuchen, die Treppe aufrecht zu meistern, indem sie sich am Geländer festhalten, und wenn sie noch älter sind, die Treppe auch wieder runterzugehen. Irgendwann werden sie das Geländer nicht mehr benötigen und sich dem ganzen Außengelände zuwenden. Besonders schön ist es, wenn sie unter einem Busch eine kleine Höhle nur für sich haben.

Andere Kinder und Erwachsene

In der Gruppe üben Kinder, miteinander auszukommen, finden Freunde und lernen, in Gemeinschaft zu leben. Kindergruppen sorgen auch für die Ausbildung von Individualität. Kinder wollen nicht nur in einer Gruppe akzeptiert sein, sondern auch Dinge besser können als andere. Sie suchen sich Nischen, in denen sie ihre Talente entfalten können. Dadurch werden sie auch zu Individualisten.

Wenn Ihr Kind zu einer Tagesmutter oder in eine Krippe geht, gewöhnen Sie es langsam an die fremden Personen. Die Eingewöhnung sollte möglichst vier Wochen dauern. Bleiben Sie die ersten Male bei Ihrem Kind in der neuen Umgebung, bis es sich dort eingewöhnt hat. Mit der Zeit lassen Sie Ihr Kind immer länger dort. Denken Sie daran, dass es noch klein ist und weiterhin viel Zuwendung von Ihnen braucht. Ihr Kind kann auch in einer Spielgruppe andere Kinder kennenlernen. Diese Gruppen werden von Familienzentren, Kirchengemeinden, Arbeiterwohlfahrt (AWO), Deutschem Rotem Kreuz (DRK), Volkshochschulen (VHS) oder Bürgerzentren angeboten. Auch Sie lernen dort andere Familien mit gleichaltrigen Kindern kennen und können Freundschaften schließen.

Die Zukunft eines Kindes liegt außerhalb der Familie bei den etwa Gleichaltrigen. Hier kann es sich messen und bewähren.

Kinder brauchen Kinder

Das brauchen Kinder, um miteinander in Kontakt zu treten und zu bleiben:
> Aufmerksamkeit auf sich ziehen, Signale des Gegenübers verstehen = Herstellen des Kontaktes
> Absichten und Bedürfnisse müssen verstanden und kommuniziert werden = Kontakt aufrechterhalten

Kinder bis zu drei Jahren zeigen soziale Verhaltensweisen folgendermaßen:
> Wechselseitige Aufmerksamkeit (Blickkontakt, Lächeln, »Sprache«, Fühlen)
> Objektbezogene Interaktion (am selben Spielzeug ziehen, Spielzeug wird in Handlung eingebaut)
> Nachahmen (nebeneinander Klötze in einen Korb werfen, Wiederholungen)
> Durch Gegenstände Beziehungen herstellen (Spielzeug anbieten, annehmen, gemeinsam untersuchen, aber auch durch Wegnehmen Konflikte auslösen und abwarten, was passiert)
> Wechselseitiges Anregen und Reagieren und zunehmende Koordination beim Spiel
> Spielen mit Sprache und Fantasie

Die Kinder üben und erleben soziale Verhaltensweisen, messen sich mit anderen, erleben Siege und Niederlagen, die sie später zur Reflexion und zu eigenen Handlungen nutzen. Das ist eine wichtige Voraussetzung um Freundschaften schließen zu können. Am besten lernen sie das in Gruppen, in denen die Kinder nicht alle gleichaltrig sind. Sie sollten die Erfahrungen als Jüngere und auch als Ältere machen.

Gehen Sie mit Ihrem Kind auf den Spielplatz, wählen Sie Plätze, auf denen sich Mütter mit Kindern aufhalten, und Zeiten, zu denen auch andere Mütter mit ihren Kindern dort sind. Ihr Kind wird am Anfang noch oft allein spielen, aber im Laufe der Zeit werden die Kontakte zu anderen Kindern intensiver, und Sie haben die Möglichkeit, mit anderen Eltern zu reden. Lassen Sie Ihr Kind seine Erfahrungen machen. Je weniger Sie eingreifen, desto selbstständiger und unabhängiger wird es, und Sie nerven sich seltener gegenseitig.

Spielgefährten finden sich auch in der Nachbarschaft. Sprechen Sie mit den Eltern, und laden Sie die Kinder einfach ein. Gerade auch größere oder kleinere Kinder tun Ihrem Kind gut, von dem einen lernt es selbst, bei dem anderen kann es lehren, und beides brauchen Kinder.

Wir Drei machen schon viel gemeinsam.

Andere Kinder besuchen

Machen Sie einen Besuch bei den Nachbarn. Die ersten Male möchte Ihr Kind vielleicht noch, dass Sie dableiben. Wenn es die fremde Umgebung besser kennt, wird es immer länger allein dort spielen wollen.

Kinder tauschen

Babysitter sind teuer und manchmal auch nicht verfügbar. Wenn Sie einige Stunden ohne Ihr Kind sein wollen, vereinbaren Sie doch mit einer anderen Familie, dass Sie einmal beide Kinder betreuen und ein anderes Mal Ihr Kind dorthinbringen. Im Laufe der Zeit gewöhnen die Kinder sich immer mehr aneinander, und es ist für Sie sogar eine Entlastung, wenn Ihr Kind einen Spielgefährten zu Hause hat.

Erfahrungen mit Gleichaltrigen prägen die Persönlichkeitsentwicklung.

Gemeinsam kochen

Laden Sie einmal in der Woche eine andere Familie ein, um das Essen gemeinsam zuzubereiten. Die Kinder freuen sich, ein anderes Kind oder andere Kinder zu sehen und mit ihnen etwas gemeinsam zu tun, und Sie können auch den manchmal recht monotonen Alltag allein mit dem Kind zu Hause durchbrechen. Wenn Ihre Wohnung groß genug ist, können mehrere Familien an diesem Essen teilnehmen.

Entlastend bei dem täglichen Einerlei ist es auch, ab und zu für eine andere Familie mitzukochen, um ein anderes Mal selbst bekocht zu werden. Das hat manchmal positive Auswirkungen auf das Essverhalten Ihres Kindes und vor allem stärkt es Freundschaften von Kindern und Erwachsenen.

Geschwister

Viele Kinder, die ein Geschwister bekommen, sind mit der neuen Situation überfordert. Bei den einen stellen sich Ängste und

Eifersucht recht schnell ein, bei anderen erst später, z. B. wenn das Baby krabbeln kann und die eigenen Spielsachen benutzt.

Kinder bis zu zwei Jahren zeigen meist ihre Eifersucht sehr direkt. Wenn ein Geschwisterchen da ist, wollen sie auch klein sein. Lassen Sie es zu, dass Ihr Kind wieder gefüttert werden oder eine Windel haben oder Baby spielen will. Es gibt ihm Sicherheit in dieser schwierigen, mit vielen Unsicherheiten und Ängsten besetzten Situation.

Erklären Sie Ihrem Älteren, dass so ein kleines Baby mit seinen Bedürfnissen noch nicht warten kann, Sie sich aber hinterher intensiv mit dem großen Kind beschäftigen. Beziehen Sie Ihr älteres Kind in die Pflege mit ein.

Mathilda wickelt mit Hingabe ihre Schwester Helene, die die große Schwester beobachtet.

Das ältere Kind, das noch nicht lange selbstständig laufen kann, freut sich, wenn es z. B. einen Sitz auf dem Kinderwagen hat oder selbst im Buggy gefahren und das Baby im Tragetuch getragen wird.

Bitten Sie Verwandte und Freunde, dem älteren Kind weiterhin Aufmerksamkeit zu schenken und nicht hauptsächlich dem Baby; und bitten Sie darum, dass Besuch dem Geschwisterkind eine Kleinigkeit mitbringt.

Miteinander schmusen und spielen

Kinder schmusen gern mit ihren jüngeren Geschwistern. Obwohl sie dabei nicht immer behutsam sind, finden es die Kleineren trotzdem schön. Manchmal sind die Größeren auch zu stürmisch. Dann sollten Sie, ohne zu schimpfen, das Baby zu sich nehmen.

Nur wer sich seiner selbst bewusst ist, kann verstehen, dass andere Menschen anders sind.

Etwas ältere Kinder machen mit Nachdruck auf sich aufmerksam und wollen erreichen, dass die größeren Geschwister mit ihnen spielen. Sie nehmen ihnen z. B. den Stift weg, wenn diese gerade schreiben. Haben sie damit häufig Erfolg, werden sie in ihren Störaktionen nur noch bestärkt. Sprechen Sie mit Ihren älteren Kindern, ob sie vielleicht eine bestimmte Zeit am Tag, z. B. vor dem Schlafengehen, mit dem Kleinen spielen. Akzeptieren Sie aber auch, wenn es keine Lust dazu hat.

Konflikte selbst lösen lassen

Geschwister streiten oft. Das ist unvermeidbar. Viele Kämpfe werden inszeniert, um die Eltern darin zu verwickeln. Sie sollten nur eingreifen, wenn das Machtgefälle sehr groß ist. Es sind aber trotzdem nicht immer die Großen, die den Streit provozieren. Nehmen Sie nicht immer die Kleinen in Schutz. Die meisten können sich recht gut wehren.

Machen Sie nicht jede Angelegenheit Ihrer Kinder zu Ihrem Problem.

Miteinander sprechen

Erstgeborene sprechen meist früher, da mehr mit ihnen gesprochen wird. Kinder zwischen zwei und vier Jahren sind ideale Gesprächspartner für die Jüngeren, da sie sich einfach ausdrücken. Ermuntern Sie Ihre größeren Kinder, den Geschwistern etwas zu erzählen.

Trösten

Wenn Ihr Kind traurig oder wütend ist, wenn ihm etwas nicht gelingt, ist es wichtig, dass Sie seine Gefühle ernst nehmen und benennen. So fühlen Kinder sich angenommen und können auch später gut zu ihren Gefühlen stehen. Manchmal hilft Trösten, aber nicht während eines akuten Wutanfalls. Ist ein Kind selbstsicher, benötigt es seltener Trost als ein unsicheres Kind.

Paul ist froh, dass seine Mutter ihn versteht.

Großeltern

Untersuchungen zeigen, dass Kinder gern mit älteren Leuten zusammen sind, weil die sich Zeit nehmen, um ihre Erlebnisse zu erzählen, und genügend Geduld aufbringen, auch den Kleinen zuzuhören. Ältere Leute sehen ebenfalls im Zusammensein mit Kindern eine Bereicherung. Vielleicht können Sie die Großeltern in Ihr Leben mit einbeziehen.

Ermutigen Sie Ihr Kind, zu Leuten in der Nachbarschaft Kontakt aufzunehmen, und knüpfen Sie selber Kontakte. Ältere Leute freuen sich oft, wenn sie sich mit anderen unterhalten können.

Zuhören heißt: ganz bei dem Anderen sein.

Zusammenfassung

> Die Anregungen zeigen, wie Sie Kinder ins tägliche Leben einbeziehen können – mit seinen Arbeiten und Pflichten. Vergessen Sie dabei nie, dass Kinder auch viel Zeit brauchen, um allein spielen zu können.

> Respektieren Sie den Willen des Kindes und ermutigen Sie es, Neues auszuprobieren. Halten Sie sich bereit, wenn es Hilfe braucht. Suchen Sie nach Anregungen, die das Kind leicht umsetzen kann und an denen es Freude hat.

> Erziehen Sie die Kinder liebevoll konsequent. Wenn Ihr Kind erste Entscheidungen selbst treffen darf, bieten Sie ihm auch wirkliche Alternativen an. Und machen Sie sich klar, dass Sie die Wahl des Kindes auch akzeptieren müssen.

> Kinder eignen sich im Spiel ihre Umwelt an, befinden sich in einem ständigen Prozess von Erforschung und Erprobung – auch wenn uns die Aktivitäten eines Zweijährigen manchmal »sinnlos« erscheinen mögen. Sorgen Sie dafür, dass das Kind in seiner Umgebung anregende Gegenstände findet, bei denen es z. B. Material, Gewicht und Standfestigkeit prüfen kann.

> Wer eine Atmosphäre von Geborgenheit und Liebe schafft, für sinnliche Erfahrungen sorgt und zu eigenem schöpferischen Tun anregt, hat viel dafür getan, dass die Kinder sich gut entwickeln können.

Nachwort

Ich habe Ihnen hoffentlich Mut gemacht, die Kinder in Ihre Alltagstätigkeiten einzubeziehen. Ihr Kind hat »Lust am Schaffen«, Sie unterstützen die motorische und geistige Entwicklung Ihres Kindes, und gleichzeitig wachsen damit auch Selbstständigkeit und Selbstbewusstsein. Ihre Kinder werden es Ihnen danken.

Wenn Eltern genügend Zeit haben, ist es einfacher, mit ihren Kindern ihr tägliches Leben zu teilen. Ich wünsche jungen Eltern, dass mehr Teilzeitarbeit sowohl für Frauen als auch für Männer angeboten wird. Leider geht der Trend heute dahin, dass diejenigen, die Arbeit haben, immer länger und mehr arbeiten müssen.

Das Erziehen und Betreuen der Kinder erfordern von ihren Eltern in höchstem Maße Liebe, Verantwortlichkeit, Kraft, Ausdauer und Mut sowie die Bereitschaft, zu einem Teil auf persönliche materielle Befriedigung zu verzichten. In unserem Land verdienen viele Eltern so wenig, dass fast jedes fünfte Kind als arm gilt. Das muss sich ändern.

Es gibt keine zweite Chance: Die Kinder von heute formen die Gesellschaft von morgen. Da stellt sich die Frage: Welche Eigenschaften, Kompetenzen, Werte und Haltungen sollen die Menschen in Zukunft haben?

Werte kann man nicht vermitteln, Werte muss man leben.

Die Erkenntnis, dass »frühe Erfahrungen« und die Eltern-Kind-Beziehung für die Entwicklung unserer Kinder bis ins Erwachsenenalter von entscheidender Bedeutung sind, wird von vielen wissenschaftlichen Untersuchungen bestätigt. Es ist wichtig, dass wir Neugier, Initiative und Selbstständigkeit der Kinder wahrnehmen und unterstützen. Dabei sollten sich den Kindern zunehmend eigenständige Experimentier- und Freiräume eröffnen.

Wir brauchen Pädagogen, die Kinder ermutigen, die sie inspirieren, sie einladen, sich selbst zu entdecken. Das sollte die Zukunft unserer Gesellschaft sein. Erziehung soll Orientierungen, Haltungen und Werte vermitteln, bei denen unseren Kindern Richtungen und Möglichkeiten, aber auch Grenzen für eigenverantwortliches Handeln aufgezeigt und konkret und kontinuierlich vorgelebt werden. Dabei ist die Entwicklung einer robusten solidarischen und demokratischen Grundhaltung im Lebensalltag zu verwirklichen.

Die Welt, die Kindern einmal begegnet, ist eine andere als die, in der ihre Eltern erfolgreich waren.

Wesentlich ist die Erkenntnis, dass es in den ersten Entwicklungsjahren von Kindern zunächst um das Sammeln gefühlsmäßiger Erfahrungen, Geben und Nehmen sowie Bewegen und Erkunden geht. Kinder erfahren mit zunehmendem Alter, selbst Handelnde zu sein und etwas bewegen und bewirken zu können. Das ist das erforderliche Fundament für Spontaneität, Entdeckergeist, Wissensdurst und Kreativität. Dabei sind gerade das eigene Ausprobieren, das unmittelbare Erfahren und Verändern eigener Leistungsfähigkeiten Freude und Zufriedenheit schenkende und die Gehirnorganisation sowohl stabilisierende als auch ihre Weiterentwicklung fördernde Prozesse.

Wenn es Ihnen Freude macht und Sie die Möglichkeit haben, bei Ihrem Kind zu Hause zu bleiben, nutzen Sie diese »Vollzeit-Berufstätigkeit« in den ersten Lebensjahren. Lassen Sie sich nicht durch den momentanen Trend des frühen Berufseinstiegs davon abbringen.

Trotz widriger Rahmenbedingungen wünsche ich Ihnen und Ihren Kindern eine gute Zeit miteinander, mit vielen Anregungen zum beiderseitigen Wachsen. Ich wünsche mir, dass Sie Ihre Kinder dabei unterstützen, soziale, verantwortungsvolle und umweltbewusste Menschen zu werden.

Anhang

Literatur

Dreikurs, R., Soltz, V.: Kinder fordern uns heraus. Stuttgart (Klett-Cotta) 2010 (Erstausgabe 1964)

Gordon, T.: Familienkonferenz in der Praxis. München (Heyne) 2011

Hilsberg, R.: Zusammen: Wie die Kleinen von den Großen leben lernen. Weinheim (Beltz) 2009

Hüther, G., Nitsch C.: Wie aus Kindern glückliche Erwachsene werden. München (GU) 2008

Kampmann, G./Polinski, L.: Spiel- und Kontaktgruppen für Eltern mit Kindern von 1–3 Jahren (Arbeitshilfen). Bonn (DRK) 2011

Kasprik, B.: Wi-Wa-Wunderkiste. Mit dem Rollreifen auf den Krabbelberg. Spiel- und Bewegungsanimation für Kinder von 1–3 Jahren. Münster (Ökotopia) 2010

Koch, J.: Der Einfluss der frühen Bewegungsstimulation auf die motorische und psychische Entwicklung des Säuglings. Bericht ü. d. 26. Kongress d. Dt. Ges. f. Psychologie. Göttingen 1969

Koch, J.: Einfluss der frühen Bewegungssituation auf die motorische und psychische Entwicklung des Säuglings. Unveröfftl. Protokoll 1976

Largo, R.: Babyjahre. Die frühkindliche Entwicklung aus biologischer Sicht. München (Piper) 2003

Maier-Hauser, H.: »... dass wir unser Bestes geben«. Erziehen nach Montessori. Weinheim (Beltz) 2004

Maywald, J.: Die beste Frühbetreuung. Krippe, Tagesmutter, Kinderfrau. Weinheim (Beltz) 2010

Polinski, L.: PEKiP: Spiel und Bewegung mit Babys. Mehr als 100 Anregungen für das erste Jahr. Reinbek (rororo) 2001

Renz-Polster, H.: Kinder verstehen. Born to be wild: Wie die Evolution unsere Kinder prägt. München (Kösel) 2009

Rogge, J.-U.: Eltern setzen Grenzen. Partnerschaft und Klarheit in

der Erziehung. Reinbek (rororo) (Neuausgabe) 2010
Schad, A.: Kinder brauchen mehr als Liebe: Grenzen, Konsequenzen. Heidelberg (Carl Auer) 2010
Spitzer, M.: Lernen. Gehirnforschung und die Schule des Lebens. Heidelberg (Spektrum Akademischer Verlag) 2006
Thomä, D.: Väter: Eine moderne Heldengeschichte. München (dtv) 2011
Zimmer R., Hunger, I.: Bildungschancen durch Bewegung – von früher Kindheit an!. Schorndorf (Hofmann) 2010
Zimmer, R.: Kinder unter 3 – von Anfang an selbstbewusst und kompetent: Ein Leitfaden für Eltern, mit vielen Bewegungsspielen. Freiburg (Herder) 2009

DVD

Mundzeck, H.: Ein Leben beginnt... Babys Entwicklung verstehen und fördern. DVD 55 Min. Hrsgg. von und zu beziehen über: Deutsche Liga für das Kind, www.ein-leben-beginnt.de Berlin 2007

CD

Komm, sing und spiel mit uns! Die Hits der ganz kleinen Leute. 28 Bewegungslieder und Fingerspiele für Kinder vom Krabbelalter bis 4 Jahre. Bestellen über: Kleiner-Raeker@web.de
Telefon: 01 75 – 2 72 86 53 per Post unter der Anschrift
»Kleiner Raeker«, Flintenstrasse 12, 48565 Steinfurt
»Aquaka della Oma«. 17 Lieder zum Mitmachen für Kleine und Größere. Und: Kunterbunte Fingerspiel-Lieder. Pfiffige Bewegungslieder. Beide von Wolfgang Hering, erschienen im Ökotopia Verlag, www.oekotopia-verlag.de

Weitere Ideen, Anregungen, Informationen und Erfahrungsberichte zum Thema finden Sie auf der Homepage der Autorin: **www.pekip-polinski.de**

Impressum

© 2011 BELTZ VERLAG,
Die im Buch veröffentlichten Ratschläge wurden mit größter Sorgfalt und nach bestem Wissen der Autoren erarbeitet und geprüft. Eine Garantie kann jedoch weder vom Verlag noch von den Verfassern übernommen werden. Die Haftung der Autoren bzw. des Verlages und seiner Beauftragten für Personen-, Sach- oder Vermögensschäden ist ausgeschlossen. Wenn Sie sich unsicher sind, sprechen Sie mit Ihrem Arzt oder Therapeuten.

Das Werk und seine Teile sind urheberrechtlich geschützt. Jede Nutzung in anderen als den gesetzlich zugelassenen Fällen bedarf der vorherigen schriftlichen Einwilligung des Verlages. Hinweis zu § 52 a UrhG: Weder das Werk noch seine Teile dürfen ohne eine solche Einwilligung eingescannt und in ein Netzwerk eingestellt werden. Dies gilt auch für Intranets von Schulen und sonstigen Bildungseinrichtungen.

Herausgeber und Lektorat
Bernhard Schön, Idstein

Umschlagkonzept und -gestaltung; Innenlayout
www.anjagrimmgestaltung.de, Stephan Engelke (Beratung)

Satz und Herstellung
Nancy Püschel

Druck und Bindung
Beltz Druckpartner GmbH & Co. KG, Hemsbach

1. Auflage 2011
ISBN 978-3-407-22514-6

Bildnachweis
Umschlagabbildung;
S. 1: © Getty Images/Fabrice Lerouge
S. 2, 4, 6, 10, 16, 20, 24, 26, 32, 35, 38, 40, 51, 58, 64, 66, 70, 78, 80, 84, 88, 91, 93, 97, 98, 102, 104, 108, 113, 114, 117, 119, 121: © Katrin Krüger
S. 2: © Thinkstock
S. 19: © Getty Images/Stephan Hoeck
S. 45: © iStockphoto/Rossario
S. 55: © Thinkstock
S. 68: © Getty Images/Maria Teijeiro
S. 74: © Shutterstock Images/John Austin
S. 77: © Thinkstock
S. 82: © Ingrid Broger
S. 86: © Karen Thoms
S. 106: © Getty Images/Dennis Hallinan
S. 122: © iStockphoto/Onebluelight

In Zusammenarbeit mit:

®ELTERN ist eine Marke der Gruner+Jahr AG & Co. KG. Alle Rechte vorbehalten.

®ELTERN family ist eine Marke der Gruner+Jahr AG & Co. KG. Alle Rechte vorbehalten.

Deutsche Liga für das Kind in Familie und Gesellschaft

Initiative gegen frühkindliche Deprivation e.V.